Du bien et de la crise

Ouverture philosophique
Collection dirigée par Aline Caillet, Dominique Chateau, Jean-Marc Lachaud et Bruno Péquignot

Une collection d'ouvrages qui se propose d'accueillir des travaux originaux sans exclusive d'écoles ou de thématiques.

Il s'agit de favoriser la confrontation de recherches et des réflexions, qu'elles soient le fait de philosophes « professionnels » ou non. On n'y confondra donc pas la philosophie avec une discipline académique ; elle est réputée être le fait de tous ceux qu'habite la passion de penser, qu'ils soient professeurs de philosophie, spécialistes des sciences humaines, sociales ou naturelles, ou… polisseurs de verres de lunettes astronomiques.

Dernières parutions

René PASSERON, *L'amour refus*, 2016
Mouchir Basile AOUN, *La Cité humaine dans la pensée de Martin Heidegger. Lieu de réconciliation de l'être et du politique*, 2016.
Nikos FOUFAS, La critique de l'aliénation chez le jeune Marx, 2016.
Patrick MBAWA DEKUZU YA BEHAN, *Le paradoxe du pardon chez Paul Ricoeur. De la gratuité à la gratitude*, 2016.
Hélène MICHON, Tamás PAVLOVITS, *La sagesse de l'amour chez Pascal*, 2016.
Philippe FLEURY, *Figures du gnosticisme*, 2016.
Auguste NSONSISSA, *La grammaire de la signification. Querelle des fondements de la philosophie contemporaine du langage*, 2016.
Pascal GAUDET, *Qu'est-ce que la philosophie ?, Recherche kantienne*, 2016.
Godefroy NOAH ONANA, *Tradition et modernité. Rupture ou continuité ?*, 2016.
Benoît BASSE, *De la peine de mort en philosophie, Quel fondement pour l'abolition ?*, 2016.
Bruno TRAVERSI, *Le corps inconscient. Et l'Ame du monde selon C.G. Jung et W. Pauli*, 2016.

Michel FATTAL

Du bien et de la crise

Platon, Parménide et Paul de Tarse

© L'Harmattan, 2016
5-7, rue de l'Ecole-Polytechnique, 75005 Paris

http://www.harmattan.fr
diffusion.harmattan@wanadoo.fr

ISBN : 978-2-343-08612-5
EAN : 9782343086125

À mon frère, Paul.

Introduction

Quel est le lien unissant les deux études sur le Bien et la Crise qu'on va lire et qui sont destinées à être présentées au XI*ᵉ Symposium Platonicum* de Brasilia (4-8 juillet 2016) et au Congrès international de Bologna (6-7 avril 2016) ? Quelle est, en d'autres termes, la portée philosophique d'une réflexion sur le Bien chez Platon d'une part, et sur la notion de Crise chez Parménide d'Elée et Paul de Tarse d'autre part ?

Le lien unissant ces deux études, ainsi que les enjeux philosophiques d'une telle réflexion sur le Bien dans le *Phédon* de Platon, et la Crise dans le *Poème* de Parménide et la *Première Lettre aux Corinthiens* de Paul de Tarse résident dans le fait que ces deux notions renvoient, l'une et l'autre, à une double activité de liaison et de séparation. Mais quels sont, dans de telles conditions, les enjeux philosophiques d'une réflexion portant sur ces deux activités présupposées par le Bien au sens platonicien du terme et par la Crise comprise aux sens parménidien et paulinien ?

N'est-ce pas à cause de son désir de colmater les brèches de la « séparation » (*chôrismos*), solidement établie dans le *Phédon*, que Platon octroie au Bien la fonction de « liaison », une fonction de « liaison » qui paraît surprenante et improbable dans le cadre d'une philosophie induisant une transcendance et une différence ontologique entre l'intelligible et le sensible ? Comment se fait-il, en d'autres termes, que la représentation que Platon se fait du réel dans le *Phédon*, qui comporte des accents dualistes opposant l'intelligible au sensible, l'âme au corps, soit en mesure de ménager, à partir de l'Idée transcendante et séparée du Bien, l'unité du Tout avec lui-même ? Comment faut-il entendre plus précisément l'expression du *Phédon*, 99 c 5-6 dans laquelle Platon affirme que le Bien est ce qui « lie ensemble » (*sundei*) les choses. Le fait de « lier » (*sundein*) propre au Bien serait-il là pour assurer la synthèse du Tout avec lui-même à la manière de l'*éros*-démon du *Banquet*, incarné par le philosophe, qui se proposait déjà de « lier ensemble » (*sundein*) l'intelligible et le sensible, les dieux et les hommes, l'âme et le corps ? Le *Phédon* aux accents dualistes ménagerait-il, malgré tout, un « lien » efficace dans la « séparation » assurant ainsi l'unité du réel sur le plan cosmologique et ontologique, voire même au niveau anthropologique ?

L'apport d'une telle enquête menée sur « Le Bien comme lien dans le *Phédon* » est double : elle permet tout d'abord de remettre en cause l'opinion reçue, et maintenant classique, selon laquelle le *Phédon* est un dialogue « dualiste », et elle permet ensuite d'apprécier le cheminement de Platon qui arrive à résoudre admirablement bien, à partir de la transcendance assumée du Bien, l'unité cosmologique et ontologique du réel, et de procurer par voie de conséquence un fondement solide au *logos* (langage) de l'homme dans sa pratique dialogique avec l'autre.

Mais qu'en est-il de la notion de Crise qui, elle aussi, entretient des rapports étroits avec la double activité de « séparation » et de « liaison » dans le *Poème* de Parménide et dans *La Première Lettre aux Corinthiens* rédigée par Paul de Tarse ? Quelle est la portée philosophique d'une telle réflexion ?

Étymologiquement, le mot de « crise » (lat. *crisis*) vient du substantif grec *krisis* qui désigne la « séparation », « la décision ». Le verbe *krinô* d'où provient le substantif repose en effet sur la racine *krin-y e/o* qui signifie « séparer » avant de revêtir le sens de « décider » ou de « juger ». Le verbe *krinô* qui a donné le substantif *krisis* désigne donc, à l'origine, l'action de distinguer, séparer, trier, choisir.

Mais en quoi et comment le verbe *krinô*, et en quoi la
« crise » située aux origines de la pensée occidentale
représentée par le philosophe Parménide d'Elée, et par l'apôtre
Paul de Tarse, sont-ils en mesure de « séparer », voire de
« décider » et « juger » adéquatement de tout ? Quelle est la
signification d'une telle « séparation », d'une telle « décision »
ou d'un tel « jugement » ? Que s'agit-il de séparer et de
distinguer, de juger ou de critiquer ? Quelle est en d'autres
termes la portée philosophique d'une telle activité
discriminante et décisive de la « crise » des origines ?

Il faut voir que cette activité de séparation qui habite le
krinein grec de Parménide d'Elée et de Paul de Tarse détermine
une hiérarchie, une norme, un critère ou un choix aux enjeux
ontologique, gnoséologique, logique pour le philosophe, et à la
portée théologique, religieuse, éthique, ecclésiale et spirituelle
pour l'apôtre.

Pour Parménide, le philosophe, elle permet à son « *logos*
(raison) critique » de distinguer la voie de la vérité et la voie de
l'opinion, de séparer l'être et le non-être, et de discerner le
langage signifiant et ontologiquement vrai de la maîtresse de
vérité qui use du principe logique de l'identité par opposition
au langage vide, creux et erroné du commun des mortels qui
sépare ce qui ne doit pas être séparé et qui unit ce qui ne doit
pas être uni[1]. La portée philosophique d'une telle réflexion sur
la « crise » parménidienne serait donc d'ordre ontologique,
gnoséologique, logique et critique. Elle rendrait compte de
l'avènement, en Occident, de « l'esprit critique » permettant au
philosophe de combattre les préjugés et les opinions reçues
des hommes au sein d'une société donnée afin de les aider à

---

[1] Cf. M. Fattal, « Le *logos* dans le *Poème* de Parménide », in M. Fattal, Logos, *pensée et vérité dans la philosophie grecque*, Paris, L'Harmattan, « Ouverture Philosophique », 2001, pp. 95-124 ; trad. it. *Ricerche sul* logos. *Da Omero a Plotino*, A cura di R. Radice, Milano, Vita e Pensiero, « Temi metafisici e problemi del pensiero antico. Studi e testi, 99 », 2005, pp. 70-88.

avancer sur le chemin de la vérité. Le « *logos* (raison) critique » du philosophe, prenant ses distances sur le plan de l'être et de la connaissance par rapport à toute forme de préjugé collectif, est-il le seul et l'unique *logos* à être en mesure d'aider l'homme à avancer sur le chemin de l'autonomie, une autonomie qui est ici, en l'occurrence, une autonomie intellectuelle et rationnelle ?

Le *logos*, tout aussi critique de Paul de Tarse, mis en œuvre dans sa *Première Lettre aux Corinthiens*, n'offre-t-il pas, à sa manière, une méthode permettant d'assurer l'unité et la cohésion de la communauté (*ekklêsia* = assemblée) de Corinthe en train de se diviser, et de lui indiquer le chemin le plus adéquat à suivre en vue de surmonter ses conflits internes ?

Le *logos* (langage) apostolique de Paul de Tarse n'opère-t-il pas, à travers les oppositions et les antithèses qu'il établit, un véritable renversement des valeurs de son époque en vue d'aider les Corinthiens à s'approprier leur identité chrétienne et de les aider à être critiques à l'égard des sagesses mondaines et des prédicateurs de toutes sortes exerçant sur eux une séduction indéniable ? N'est-ce pas à partir d'une norme ou d'un critère spirituel que le *logos* apostolique de Paul de Tarse opère une telle transmutation des valeurs de son temps et indique aux chrétiens de Corinthe le chemin de l'unité en suivant les pas de celui qui incarne l'amour et l'humilité ? L'homme pneumatique, dira Paul, « juge (*anakrinei*) de tout et n'est lui-même jugé par personne (*oudenos anakrinetai*) ». C'est parce qu'il se situe du point de vue transcendant de Dieu que l'homme spirituel, accompli et adulte dans la foi, est en mesure de se laisser transformer par l'Esprit en vue d'accueillir le don de l'amour qui est le plus grand de tous les dons octroyés par Dieu à l'homme[2]. Dans de telles conditions, l'homme spirituel

---

[2] Cf. M. Fattal, *Paul de Tarse et le* logos. *Commentaire philosophique de* 1 Corinthiens, 1, 17-2, 16, Paris, L'Harmattan, « Ouverture Philosophique », 2014. Voir également du même auteur, *Saint Paul face*

sera en mesure de posséder un sens du « discernement » ou un sens « diacritique » (1 Co 12, 10) supérieur lui permettant d'exercer, dans l'humilité qu'il est censé incarner, cette hauteur de vue nécessaire à l'établissement de valeurs morales, éthiques, ecclésiales et spirituelles salutaires et absolument nécessaires à sa vie personnelle et collective.

Si le *logos* critique ou *anacritique* de Paul de Tarse n'a pas la portée gnoséologique (vrai/faux), ontologique (être/non-être) ou logique (principe de l'identité) de Parménide ; il n'en demeure pas moins qu'il offre aux chrétiens de Corinthe et à l'homme de tout temps une portée morale et éthique, ecclésiale et spirituelle du fait qu'il invite les hommes à mettre en œuvre ce sens supérieur du « discernement » et de « l'interrogation » lui permettant de « décider » ou de « juger » de tout[3]. N'est-ce pas en s'appuyant sur un critère surnaturel, transcendant et divin au lieu de recourir à un critère naturel, immanent et humain, c'est-à-dire relatif et tronqué, que l'homme pneumatique est en mesure de discerner adéquatement et d'exercer cette hauteur de vue nécessaire à son agir quotidien ? À partir de là, on peut se demander si une telle portée morale, éthique, ecclésiale et sociale, et surtout spirituelle du *logos* critique de l'apôtre Paul peut servir, encore aujourd'hui, de garde-fou salutaire en vue de tempérer tous les excès et les débordements d'une « raison critique humaine » qui se veut autonome et systématique.

En quoi consisterait le rôle régulateur du *logos* critique et pneumatique de Paul pour l'homme d'hier et d'aujourd'hui en vue de l'aider à résoudre ses propres « crises » et ses propres

---

aux philosophes épicuriens et stoïciens, Paris, L'Harmattan, « Ouverture Philosophique », 2011.

[3] L'*anakrinein* du *Nouveau Testament* désigne, en effet, l'acte de « juger », de « séparer par un jugement », de « décider », de « trancher », de « discerner », de « distinguer », comme il peut désigner l'acte « d'interroger », « d'examiner » et de « scruter ». Voir à ce sujet, A. Schmoller, *Handkonkordanz zum griechischen Neuen Testament*, Stuttgart, Deutsche Bibelgesellschaft Stuttgart, (1938), 1982, p. 36.

conflits ? Une telle critique paulinienne de la crise ne s'avère-t-elle pas être tout aussi nécessaire que celle accomplie par Parménide ?

Dans de telles conditions, en quoi consisterait l'intérêt ontologique, gnoséologique et logique d'un tel usage de la « raison critique philosophique » mise en scène, pour la première fois en Occident, avec Parménide d'Elée ? Comment la « crise » (*krisis*) au sens parménidien est-elle en mesure d'opérer une critique des valeurs mondaines de son temps et en quoi est-elle encore valable, parlante et opératoire pour l'homme d'aujourd'hui ? Quelles sont les relations qui peuvent être établies entre ce *logos* critique de Parménide et le *logos* anacritique de Paul de Tarse visant à assurer l'unité de l'homme et de la communauté ?

Enfin, comment Platon offre-t-il, à partir de la transcendance du Bien, compris comme « lien », une solution inédite au problème de la « séparation » (*chôrismos*) en vue d'assurer la cohésion de l'univers (permettant ainsi d'éviter toute forme de dualisme pessimiste), et en vue de sauvegarder l'unité de l'homme ?

Telles sont certaines des questions auxquelles le présent ouvrage se propose de répondre.

Le Bien comme lien
dans le *Phédon*, 99 c 5-6 de Platon[4]

I. Le *Banquet* et le *Phédon* de Platon : le problème de la séparation

Dans une étude consacrée au *Banquet* de Platon et présentée au Xe *Symposium Platonicum* de Pise en juillet 2013[5], j'avais développé la thèse selon laquelle « Platon n'a pas attendu le *Parménide*, le *Sophiste* ou même le *Timée* pour résoudre le problème épineux de la séparation (*chôrismos*) et de la participation (*methexis*) du sensible à l'intelligible, ou de la séparation et de la participation des idées entre elles, mais qu'il a pris conscience assez tôt, dans sa carrière d'écrivain, et notamment dans le *Banquet*, de la nécessité de mettre en œuvre une philosophie de la relation. [...] Le *Banquet* représenterait la cohabitation de deux philosophies différentes et complémentaires, ou mettrait en œuvre une philosophie qui en appelle une autre. La philosophie de la séparation en appellerait ainsi à mettre nécessairement en place une philosophie de la relation »[6].

---

[4] Pour le texte grec, j'ai utilisé l'édition de J. Burnet (ed.), *Platonis Opera*, Oxford University Press, « Scriptorum Classicorum Bibliotheca Oxoniensis », 1900-1907, tome 1.

[5] Conférence intitulée : « Le *Banquet* de Platon : une philosophie de la relation ? », publiée dans M. Fattal, *Platon et Plotin. Relation, Logos, Intuition*, Paris, L'Harmattan, « Ouverture Philosophique », 2013, pp. 13-41.

[6] *Op. cit.*, p.16-17.

Afin de sauvegarder l'unité du réel résultant de sa philosophie de la séparation – qui a poussé Aristote à soutenir que son maître redoublait inutilement la réalité[7] en distinguant deux espèces de réalités hiérarchiquement différentes[8] et qui a conduit certains commentateurs à parler de « dualisme »[9] – Platon se servira d'un certain nombre de notions pour dire le « lien » ou la « relation » unissant le sensible et l'intelligible. Ce sont les notions de participation (*methexis*), de communauté (*koinônia*), d'image (*eikôn*), d'imitation (*mimêsis*) qui établissent désormais ces relations entre ces deux ordres séparés. J'ai ainsi montré comment, dans le *Banquet*, Platon, afin de ne pas sombrer dans le dualisme ontologique, cosmologique et anthropologique, et afin de répondre aux critiques qui pouvaient lui être faites, développe ce que j'ai appelé une philosophie de la relation ou du lien à tous les niveaux du dialogue, notamment à travers les notions de « banquet » ou de « beuverie commune » (*sumposion*), de discours (*logos*), d'amour (*erôs*), de passage (*poros*), d'intermédiaire (*metaxu*), de milieu (*meson*), de philosophie (*philosophia*) et de philosophe (*philosophos*)[10].

C'est à travers la figure mythique de l'*erôs*-démon que Platon sera par exemple en mesure de « lier » des domaines, des sphères ou des ordres séparés : les hommes et les dieux, le corps et l'âme, le bas et le haut, la terre et le ciel, l'ignorance et le savoir, l'anthropologique et le théologique. Elle offrirait ainsi à Platon une solution au problème du dualisme, induit par sa philosophie de la séparation, puisqu'elle se propose d'assurer le

---

[7] Aristote, *Métaphysique* A, 9, 990 a34-b8 ; M, 4, 1078 b31-1079 a4.
[8] Voir, par exemple, *Phédon*, 79 a ; *République* VI, 509d ; 508c ; *Phèdre*, 247c.
[9] Voir, notamment, W.G. Leszl, « Pourquoi des formes ? » in J.-F. Pradeau (éd.), *Platon : les formes intelligibles*, Paris, PUF, 2001, p. 126 : « Rares sont les commentateurs qui admettent que Platon ne propose pas seulement un dualisme ontologique, mais aussi et surtout un dualisme qui repose sur une opposition radicale entre la réalité et l'apparence ».
[10] M. Fattal, *Platon et Plotin…, op. cit.*, p. 18-19 *sq*.

« passage » (*poros*) d'un domaine à l'autre[11]. « Moyen terme dynamique de la relation, médiation et intermédiaire atypique et atopique, puissance relationnelle par excellence, figure paradoxale susceptible d'orienter l'œil de l'âme vers les formes intelligibles, telles sont les qualités du philosophe Socrate. La figure du démon, symbolisant le philosophe intermédiaire (*metaxù*), est là pour combler l'intervalle et le vide entre les dieux et les hommes, et en vue d'assurer la cohésion de l'univers ou l'unité du Tout avec lui-même »[12]. L'*éros*-démon symbolisant le philosophe, étant donné sa position centrale située à mi-chemin ou au milieu entre les hommes et les dieux, « contribue, dira Platon, à remplir l'intervalle, pour faire en sorte que chaque partie soit liée aux autres dans l'univers » (*to pan autô hautô xundedesthai*) (*Banquet*, 202 e). Il est tout à fait intéressant de noter ici que le verbe utilisé pour dire le « lien » ou « l'acte de lier » le Tout avec lui-même est le verbe *sundein*. C'est donc dans le fait de « lier ensemble » des domaines séparés que le philosophe sauvegarde la cohésion du cosmos et offre, à travers la figure mythique et dynamique de l'*éros*-démon-intermédiaire, et à travers la figure par excellence du « lien » (*desmos*) réalisé par le philosophe, une solution merveilleuse au problème du *chôrismos* évitant ainsi de sombrer dans le dualisme opposant le sensible à l'intelligible, le corps à l'âme[13].

---

[11] *Ibid.*, p.27.
[12] *Ibid.*
[13] Sur la lecture du *Phédon* comme « œuvre théâtrale » indiquant ce que doit être la « vie philosophique », cf. l'étude récente de G. Casertano, *Fedone, o dell'anima. Dramma etico in tre atti*, Traduzione, commento e note, Napoli, Paolo Loffredo, « Philosophikê skepsis, 2 », 2015.

II. Le *Banquet* et le *Phédon* : une philosophie du lien et de la relation ?

On pourrait dire que la mise en place d'une philosophie de la relation est appropriée, naturelle ou facile à réaliser dans le *Banquet* où la question de l'amour est au centre du dialogue. La mise en place d'une telle philosophie de la relation devrait être beaucoup moins appropriée, naturelle et évidente dans le *Phédon* qui, pour sa part, porte plutôt sur la question de la mort. Si l'amour est en effet « relation » entre deux êtres, contact ou *sunousia* entre l'amant et l'aimé ; la mort, quant à elle, représente une série de « séparations » : séparation de l'individu Socrate avec ses amis qu'il est obligé de quitter, séparation avec la vie, et séparation de l'âme par rapport au corps. De telles séparations ne feraient qu'accentuer la distinction établie entre des ordres différents et hiérarchisés : le visible et l'invisible (*Phédon*, 79 a), le sensible et l'intelligible. Le *Phédon*, mettant en place la théorie des Formes et des Essences séparées ne serait finalement pas en mesure de colmater aussi facilement que le *Banquet* les brèches du *chôrismos* qu'il venait d'établir pour la première fois dans l'histoire de la pensée occidentale [14]. L'exhaussement des Formes ou de ces réalités vraies et stables au-dessus du monde sensible (relevant de l'apparence et du devenir), la séparation, voire l'opposition, qui est établie entre l'âme et le corps marquant l'éminence et la valeur de la première sur le caractère déficient et dévalorisant du second, ne feraient que creuser « l'infranchissable fossé entre le sensible et l'intelligible »[15], le corps et l'âme, et consacrerait ainsi d'une manière définitive ce que les commentateurs

---

[14] *Platone, Fedone*, Testo greco a fronte, Prefazione, saggio introduttivo, traduzione, note, apparati e inserto iconografico di G. Reale ; Appendice bibliografica di M. Andolfo, Milano, Bompiani, « Testi a fronte », (2000), 2013, pp. 13-78.

[15] Ch. Rogue, *Comprendre Platon*, Paris, Armand Colin, « Cursus », 2004, chapitre V : « L'infranchissable fossé entre le sensible et l'intelligible », pp. 87-108.

appellent le dualisme platonicien. Dans de telles conditions, comment peut-on soutenir au sujet du *Phédon* la thèse précédemment défendue à propos du *Banquet* ? La philosophie de la séparation, liée notamment au thème de la mort et faisant la spécificité de la philosophie platonicienne profondément imprégnée de pythagorisme (purification, métemsomatose, etc.), ne pouvait logiquement pas conduire Platon à mettre en place une philosophie de la relation telle qu'elle a été développée dans le *Banquet*.

La thèse que je me propose de soutenir dans cette étude vise à montrer que dans le *Phédon*, malgré l'accent mis sur la séparation cosmologique et anthropologique, et malgré les accents dualistes d'un certain nombre de passages, Platon ménage des « liens » ou des « relations » entre les domaines qu'il a séparés. Le dualisme ontologique se trouverait-il ainsi surmonté ? De quelle manière et dans quelle mesure est-il possible de développer une philosophie du lien ou de la relation au sein d'une telle séparation si manifeste et si marquée ? À quels endroits du texte de Platon trouve-t-on des indices ou des témoignages allant dans le sens de cette thèse ?

C'est dans un long passage au cours duquel il relate la biographie intellectuelle de Socrate que Platon est notamment amené à affirmer l'idée selon laquelle « le bien » représente « ce qui lie ensemble » les choses (*to agathon [...] sundei*) (*Phédon*, 99 c 5-6). Il est important de remarquer ici que Platon utilise le même verbe *sundein* (lier ensemble) dont il avait été fait mention dans le *Banquet* en 202 e pour signifier « l'acte de lier » le Tout avec lui-même et assurer ainsi la cohésion de l'univers, une cohésion assurée par la figure mythique de l'*éros*-démon-intermédiaire incarnée par le philosophe. Ici, dans le *Phédon*, ce n'est plus le philosophe, symbolisant l'amour, le désir du Beau et du Bien, qui assure d'une manière dynamique l'unité du réel, mais le « bien » (*to agathon*).

Dans le *Banquet*, il était compréhensible que la position médiane du philosophe permette d'assurer le passage du bas vers le haut, des hommes vers les dieux, et conduise les hommes du sensible à l'intelligible. Dans le *Phédon*, on voit mal comment le « bien », qui est une Forme séparée au même titre que le « beau » et l'« égal en soi », peut être en mesure de lier le Tout avec lui-même. Mais qu'est-ce que le « bien » ? Comment se fait-il qu'il soit finalement en mesure de lier les choses entre elles ?

C'est en retraçant l'itinéraire intellectuel de Socrate qui se serait interrogé, à la manière des physiciens présocratiques sur l'origine ou la cause de la génération et de la corruption des choses, et qui aurait par la suite découvert le livre d'Anaxagore, que le Socrate de Platon, déçu par Anaxagore, est conduit à poser l'hypothèse des Formes. Cette hypothèse des Formes n'a rien à voir avec l'approche matérialiste des philosophes présocratiques qui faisaient intervenir des principes physiques comme l'air, l'eau, le feu et la terre, en vue d'expliquer la nature des choses, et diffère du *nous* (intelligence) d'Anaxagore qui, malgré les apparences, demeure lui aussi un principe physique qui, une fois l'impulsion communiquée aux choses pour les ordonner selon le principe du meilleur, laisse la place à des causes mécaniques et matérielles. L'espoir suscité par la lecture du livre d'Anaxagore se trouve ainsi profondément déçu. Là où il attendait de découvrir l'existence d'un principe ou d'une intelligence immatérielle, pure et sans mélange, qui serait la cause de la mise en ordre des choses et de leur différenciation, Socrate trouve une intelligence matérielle opérant des discriminations matérielles qui nécessitent un mouvement physique. De surcroît, cette intelligence ordonnatrice n'agit que d'une manière ponctuelle, et non de façon éternelle, puisqu'elle finit par abandonner le monde à la causalité mécanique.

Ainsi, l'intelligence d'Anaxagore étant de même nature que le monde physique qu'il ordonne et organise ne peut être en mesure de régir le monde et le Tout selon le principe du meilleur. Ce principe du meilleur, qui ne peut être d'ordre matériel, ne s'applique pas uniquement à l'échelle cosmique (tout), mais œuvre également au niveau anthropologique (partie). Si Socrate reste par exemple assis dans sa prison, ce n'est pas uniquement pour des raisons physiques, mais également parce qu'il a « choisi » (moralement et intellectuellement) de ne pas s'enfuir. En considérant qu'il est « plus juste et plus beau » de demeurer en prison, Socrate opère un choix responsable et juge selon le principe du meilleur (*tou beltistou hairesei*) (*Phédon*, 99 b 1) qui est un principe axiologique et intelligible.

Étant de facture non intelligible, puisque de nature physique et matérielle, l'intelligence d'Anaxagore qui agit d'une manière ponctuelle et non éternelle ne pouvait assurer l'unité ou la cohésion des choses dans le monde et leur discrimination selon le principe du meilleur, car ce principe du meilleur se doit d'être intelligible et éternel pour être efficace. Le « lien » (*desmos*) qui est censé assurer la synthèse du Tout avec lui-même doit être recherché dans un autre fondement. Quel est ce lien véritable qui est censé fonder toutes choses selon Socrate ? C'est à la page 99 c 5-6 du *Phédon* que Platon affirme l'idée selon laquelle c'est le « bien » qui est ce qui « lie ensemble » (*sundei*) et ce qui « tient ensemble » (*sunechei*) toutes choses. L'acte de liaison et l'acte de fondation caractérisent simultanément le « bien » qui n'est pas une « intelligence », mais une réalité en soi (75 c, 77 a), c'est-à-dire un Etre intelligible ou une Forme séparée au même titre que toutes les autres Formes. À la différence de l'intelligence d'Anaxagore qui n'a pas tenu ses promesses, le « bien » en tant que Forme séparée, qui est en soi et par soi, représente véritablement ce qui est pur de tout mélange avec la matière et de tout rapport avec le devenir. C'est en cela qu'il possède le pouvoir de « fonder » et de « lier » les choses entre elles.

Mais si le « bien » est un intelligible, comment agit-il selon le principe du meilleur ? Quelles sont les choses qu'il lie ? Sont-elles de nature sensible ou/et intelligible ? Enfin et surtout, si le « bien » est le « lien » du Tout avec lui-même, comment se fait-il que cette « puissance de liaison » exerce son pouvoir et agisse à partir d'un lieu extérieur ou étranger, voire séparé, du monde physique ?

III. Comment le Bien du *Phédon* lie-t-il ensemble les choses ?

Pour comprendre en quoi consiste cette « puissance de liaison ou de relation » qu'est le « bien », Platon renvoie, entre autres, à la figure mythique d'Atlas, le Titan qui « supporte » le ciel et le monde sur ses épaules (Homère, *Odyssée* I, 53 ; Hésiode, *Théogonie*, 517), afin de montrer à nouveau que le fondement qui supporte toute chose ne peut être, à la manière d'Atlas, un fondement physique ou matériel. Atlas ne peut donc constituer un principe de liaison efficace ou ne peut à lui tout seul fonder l'univers. Le « bien », du fait qu'il est de nature intelligible, est, quant à lui, en mesure d'assurer la synthèse, le lien, la relation des choses entre elles. Platon réitère, à travers cette distinction qu'il établit entre deux fondements « sensible (Atlas) » et « intelligible (le bien en soi) », sa philosophie de la séparation tout en lui associant simultanément une philosophie de la relation puisque c'est cela même qui est séparé et autarcique, le bien, qui est censé constituer la véritable cause ou la véritable puissance/force de liaison des choses.

Lisons le passage en question dans lequel Atlas et le « bien » se trouvent évoqués afin de déterminer la nature de ce bien et montrer en quoi consiste exactement sa fonction de liaison :

« Mais la puissance (*tên dunamin*) qui dispose ces choses dans le meilleur ordre possible (*tou hôs hoion te beltista auto tethênai*), ils ne cherchent pas à la connaître, et ils ne croient pas qu'elle possède une force divine (*daimonian ischus echein*). Ils pensent qu'ils trouveront un jour un Atlas (*Atlanta*) plus fort (*ischuroteron*) que celui de nos légendes, plus immortel (*athanatôteron*), et plus capable de soutenir le monde (*mallon hapanta sunechonta*) : en vérité que ce soit le bien, l'obli-gatoire (*hôs alêthôs to agathon kai deon*), qui lie et tient ensemble (*sundein kai sunechein*) les choses, cela ils ne le pensent pas. Tandis que moi pour savoir ce qu'il en est de cette sorte de cause (*tês toiautês aitias*), je me serais fait avec joie l'élève du premier venu. Mais puisque j'ai été privé de la connaître, ne pouvant ni la découvrir par moi-même, ni l'apprendre d'une autre personne, veux-tu, mon cher Cébès, que je t'expose tous les efforts que j'ai accomplis dans ma 'seconde navigation' à la recherche de cette cause ? » (99 c1-d1)[16].

Afin de déterminer la nature du « bien » et sa fonction de liaison, il est nécessaire de replacer ce texte dans le cadre de l'itinéraire intellectuel de Socrate qui pensait trouver la cause paradigmatique de toutes choses, c'est-à-dire cette puissance (*dunamis*) qui est censée disposer les choses dans le meilleur ordre possible. Dans la continuité des physiciens qui tentent d'expliquer l'origine de la génération et de la corruption, le *nous* d'Anaxagore pouvait représenter cette cause du Tout qui disposerait *obligatoirement* et *nécessairement* les choses selon un bon ordre.

Dans la page 97 d-e qui précède notre texte, Socrate n'allait-il pas soutenir en effet qu'« Anaxagore allait [lui] dire tout d'abord si la terre est plate ou ronde, puis après [lui] l'avoir exposé, [lui] en expliquer en détail la cause et la nécessité (*tên aitian kai tên anagkên*) ; il [lui] dirait ce qui vaut le mieux (*to ameinon*), et pourquoi (*hoti*) il vaut mieux (*ameinon*) pour la terre d'avoir telle forme » ? Et Socrate de poursuivre, en 98 a-b, évoquant toujours le *nous* d'Anaxagore dans son rapport aux choses : « il allait, pensais-je, m'expliquer en détail en quoi consiste le meilleur pour chacune (*to hekastô beltiston*) et le bien commun à toutes (*to koinon pasin [...] agathon*) ». Ces deux passages 97 d-e et 98 a-b – qui précèdent notre texte 99 c1-d1 dans lequel apparaît le « bien » comme « puissance » qui

---

[16] Trad. P. Vicaire légèrement modifiée, *Platon*, *Phédon*, Notice de L. Robin, texte établi et traduit par P. Vicaire, Paris, Les Belles Lettres, « CUF », 1983, p. 77.

dispose et ordonne les choses selon le principe du meilleur (*beltiston*), et qui représente une sorte de cause (*aitia*) possédant une force divine (*daimonian ischus echein*) encore plus forte (*ischuroteron*), plus immortelle (*athanatôteron*) et plus capable de supporter ou de soutenir le Tout (*mallon hapanta sunechonta*) que le nouvel Atlas des physiciens qui l'emportait en puissance de liaison et de fondation sur l'Atlas de la mythologie – s'inscrivent manifestement dans l'attente et l'espoir suscités par le *nous* d'Anaxagore qui était censé expliquer en détail la « cause et la nécessité » (*tên aitian kai tên anagkên*) du Tout en disposant chaque chose et la totalité de la meilleure façon possible (*hopê an beltista echê*) (97c). Cette causalité nécessaire et contraignante visant le meilleur devait expliquer *pour-quoi* (ce en vue de quoi) les choses naissent, périssent et existent. C'est ce qui a poussé certains commentateurs à voir dans le *nous* d'Anaxagore une cause finale qui n'aurait pas abouti puisqu'au lieu de dire « ce en vue de quoi » les choses naissent, périssent et existent, Anaxagore aurait substitué une enquête sur « comment » elles adviennent, deviennent et existent, d'où la déception de Socrate. Dans de telles conditions, l'Atlas idéal imaginé par certains, ce nouvel Atlas plus fort, plus immortel que celui de la mythologie, censé assurer la cohésion de l'univers selon le principe du meilleur et qui serait véritablement capable de le « tenir ensemble », le « sup-porter » ou le « sou-tenir » (*sunechein*, 99 c 6) s'avère inopérant. C'est ailleurs que Socrate devra désormais chercher ce principe fondateur et synthétique, cette cause nécessaire qui oblige et contraint les choses à être disposées et liées dans le meilleur ordre possible. C'est en vérité (*alethôs*), dira Socrate, dans le « bien, l'obligatoire » (*to agathon kai deon*) auquel certains ne veulent pas croire que réside ce qui va lier ensemble et tenir ensemble (soutenir) (*sundein kai sunechein*) toutes choses. C'est le bien qui est finalement la véritable cause recherchée et trouvée.

IV. Sur le caractère nécessairement/obligatoirement liant du Bien

Le caractère obligatoire et nécessaire attribué au *nous* anaxagoréen caractérise désormais plus adéquatement non plus l'intelligence d'Anaxagore, mais cette Essence ou cet Être qu'est le « bien » de Platon. En 99 c 5, Platon associe, sous le seul et même article (*to*), *agathon* et *deon* pour signifier que ces deux termes désignent une seule et même réalité. Platon n'utilise pas deux fois l'article (*to*) pour les désigner de la manière suivante : *to agathon kai to deon* (*le* bien et *l'*obligatoire), mais dit expressément *to agathon kai deon* (le bien, l'obligatoire). L'article « *to* » se rapporte donc à une seule et même notion. L'*agathon* est « aussi » (*kai*) le *deon*, « ce qu'il faut », « ce qui est nécessaire », « ce qui doit être », « ce qui s'impose », « ce qui est exigé ou requis », en vue de lier, structurer, disposer et soutenir au mieux les choses, c'est-à-dire les fonder. Platon joue ici sur les mots pour signifier l'identification du *deon* à l'*agathon* qui va « lier ensemble » (*sundein*) et « tenir ensemble » (*sunechein*) les choses. Socrate ne dira-t-il pas en effet dans le *Cratyle* 418 e que, bien qu'il soit « un aspect du bien, le *deon* (le « nécessaire », l'« obligatoire ») a l'air d'être un *desmos* (« lien ») » ? Si le *deon* a l'aspect d'un « lien », c'est à cause de l'homonymie qui existe entre le verbe *deô* signifiant « falloir » et le verbe *deô* désignant le fait de « lier »[17].

Le caractère « nécessairement/obligatoirement liant » de l'*agathon* (du bien) est donc étymologiquement justifié[18]. Il est la véritable cause contraignante et nécessaire des choses qui les dispose au mieux et qui représente la véritable cause

---

[17] *Platon, Cratyle*, Traduction inédite, introduction, notes, bibliographie et index par C. Dalimier, Paris, GF Flammarion, 1998, p. 257, n. 319.

[18] L'étymologie latine du verbe *obligare*, signifiant le fait d'« attacher ensemble », de « lier », d'« enchaîner », d'« obliger », permet également d'associer, et même d'identifier, en un seul et même mot, « la liaison et la nécessité ».

exemplaire que certains ne veulent pas reconnaître. « La cause et la nécessité » des choses qu'Anaxagore tente d'expliquer à travers son *nous* (intelligence), recherchant « le meilleur pour chacune » (*to hekastô beltiston*) et « le bien commun à toutes » (*to koinon pasin agathon*) (98 a-b), se trouvent en réalité dans l'*agathon-beltiston-deon* du Socrate de Platon. La nécessité (*anagkê*), ou le caractère nécessaire et exigeant (*deon*) de la cause d'Anaxagore, se trouve très limitée ou trop limitée (action ponctuelle, relais mécaniques, approche physique et matérielle du principe) pour jouer pleinement son rôle de fondement (soutenir/supporter/tenir ensemble les choses) en vue de les « lier » (*sundein*). D'ailleurs, l'*ameinon* et le *beltiston* visés par le *nous* d'Anaxagore intègrent plus adéquatement l'*agathon* de Socrate du point de vue grammatical et philosophique.

En effet, l'adjectif *agathos* se dit *beltiôn, ameinôn, kreitôn* au comparatif, et il se dit *beltistos, aristos, kratistos* au superlatif. Tous ces termes qui sont des flexions d'*agathos* relèvent du vocabulaire de l'excellence (physique, éthique, etc.). Ici, en l'occurrence, la cause trouvée qui est la puissance par excellence réside dans l'Etre exemplaire, la Forme paradigmatique, qui est le « bien ». Le bien serait-il, comme certains le pensent, la « pierre angulaire du système de tous les Biens, comme Atlas soutenant les principes des différentes choses »[19] ? Serait-il en tant que cause paradigmatique et exemplaire de toutes choses « une sorte de dénominateur commun », une « sorte de réduction à l'unité des divers '*beltista*', '*arista*' et autres '*ameinomena*' » qui forcerait « les êtres fondés par lui à aller vers lui »[20] ? Un tel questionnement, qui pourrait laisser entendre que toutes les vertus morales et éthiques particulières se trouvent « rassemblées », « liées » ou « subsumées » sous l'Idée fondatrice du Bien rapprocherait le *Phédon* de la *République* où le Bien joue effectivement le rôle de

---

[19] M. Durand, *Trois lectures du* Phédon *de Platon*, Paris, L'Harmattan, « Ouverture Philosophique », 2006, p. 191.

[20] *Op. cit.* p. 190.

« la cause en chaque cas de toute rectitude et de toute beauté » morale. Même si le « bien » du *Phédon* préfigure d'une certaine façon le « Bien » de la *République*, on ne peut tout de même pas les identifier. « La transcendance du Bien vis-à-vis des Formes, clairement affirmée par la *République*, reste pour l'instant très imprécise » dans le *Phédon*. De plus, « en 98 b 2-3, l'introduction de l'*agathon* à côté des *beltista* s'est opérée de façon fort subreptice ; et si l'on peut – sur la base de 98 b 2-3 et 99 c 6 – soupçonner, chez Platon, une intention d'unifier hiérarchiquement son monde des Formes, il serait sans doute exagéré de prétendre que le *Phédon* lui-même affirme déjà l'existence indépendante d'un Principe unique transcendant nettement le monde des Formes »[21]. Le « bien » du *Phédon* ne transcende donc pas la totalité des Formes à la manière du Bien de la *République* qui les lierait en tant que dénominateur commun du haut de sa suréminence.

V. Sur le Bien du *Phédon* dans ses rapports au Bien de la *République* et au bien du *Philèbe*

Afin de poursuivre la comparaison entre le bien du *Phédon* et le Bien de la *République*, il faut préciser que le Bien de la *République*, conçu comme cause exemplaire de toute valeur, doit également être entendu à la manière d'une lumière qui assure le « lien » (*desmos*) (*Rép.*, VI, 507 e, 508 e-509 a) unissant la vue à ce qui est vu. Platon ira jusqu'à dire en *République* VI, 509 b que le Bien « surpasse l'essence de loin en majesté et en puissance » (*epekeina tēs ousias presbeia kai dunamei huperechontos*). Si le bien du *Phédon* est caractérisé par une *certaine dunamis*, le Bien de la *République* devient cette *dunamis incomparable* située au-delà de l'essence. Ceux qui, dans le *Phédon*, espéraient découvrir un nouvel Atlas « plus puissant », « plus immortel », « plus fondateur » et « plus synthétique » que l'Atlas de la

---

[21] R. Loriaux, *Le* Phédon *de Platon*, Commentaire et traduction, Volume II (84b-118a), Namur, Presses Universitaires de Namur, 1975, p. 87-88.

mythologie ne pensent pas que cette « puissance » (*dunamis*) qui fait que les choses sont disposées le mieux possible possède une « force divine » (*daimonian ischun*, 99 c 2-3) qui soumettrait toutes choses. Sommes-nous, dans de telles conditions, avec le *Phédon* 99 c sous le « joug du bien », sous « ce lien nécessaire qui oblige et exige » (*deon sundei*) ? C'est ce que Platon laisserait entendre en 100 b 5-9 :

> « Je pars de cette hypothèse qu'il existe en soi un Beau, un Bon, un Grand, et ainsi de suite. Si tu m'accordes cela, si tu conviens avec moi que ces choses existent, j'espère que grâce à elles je te montrerai, je t'aiderai à découvrir la cause qui fait l'âme immortelle » (trad. Vicaire).

Parti de la cause téléologique supposée du *nous* anaxagoréen qui demeure limitée, Platon est amené à « poser » l'hypothèse des Formes « Beau, Bon, Grand ». Ce sont donc les Idées ou les Essences du Beau, du Bien, du Grand qui sont « posées » à la place du *nous* inconséquent et inefficace d'Anaxagore et qui jouent désormais le rôle de principes fondateurs. L'*archê* (principe) est, on le sait, « ce qui commence et ce qui commande toutes choses », ce qui est à l'origine et ce qui gouverne toute chose. Solidité, unité, vérité et universalité[22] caractérisent en propre tout principe fondateur qui « lie » et « sup-porte » désormais les choses et les dispose aux mieux d'un point de vue ontologique (cosmologique), éthique (anthropologique) et, on le verra, gnoséologique (logique). Compte tenu de ce qui vient d'être dit, le « bien qui oblige » et qui est quelque chose qui se suffit à lui-même (*ti hikanon*) (101 e1) fait partie, en tant qu'Etre, de ces Essences fondatrices (exemplaires, paradigmatiques) que sont le Beau, le Grand, le Juste, l'Égal, etc.

---

[22] *Phédon*, 99 e ; cf. L. Guillermit, *L'Enseignement de Platon*, II. Gorgias-Phédon-Ménon, Nîmes, Éditions de l'Eclat, « Polemos », 2001, pp. 158-159.

Le bien du *Phédon*, qui représente « ce principe qui se suffit à lui-même » (101 d-e), et qui incarne le fondement éminent auquel on accède en montant (*tôn anôthen*) (101 d 7), ne peut pas finalement correspondre à l'*archê anhupothetos*, au principe inconditionné représenté par le Bien de la *République* VI, 510 b. L'interprétation du bien du *Phédon* à partir du Bien de la *République* me semble forcée même s'il est possible de voir dans le bien du *Phédon* l'annonce ou la préfiguration de ce que sera le Bien de la *République*[23]. Le *ti hikanon* du *Phédon*, 101 e 1, caractérisant le bien au même titre que la puissance, la solidité[24], l'unité, l'universalité[25] et la vérité, ne peut pourtant être identifié à l'*archê anhupothetos* de la *République* pour la simple raison qu'il se situe sur le même pied d'égalité que les autres Formes qui lui sont apparentées et qui comportent les mêmes spécificités. Aucune éminence ou suréminence du bien sur les autres Formes, qu'il est censé régir, commander, lier et fonder, n'est véritablement attestée dans le *Phédon*. C'est la raison pour laquelle on ne peut véritablement l'identifier au Bien de la *République*.

Mais si le bien du *Phédon* qui se suffit à lui-même est l'obligatoire liant nécessairement les choses pour les supporter et les soutenir, c'est-à-dire pour les fonder éthiquement et ontologiquement à l'instar de toutes les autres Idées ; si ce bien ne possède aucune éminence sur les autres Formes, s'il n'est pas en d'autres termes la cause de toutes les autres Formes, comme cela est le cas dans la *République*, ne peut-on pas alors le rapprocher du bien tel qu'il est présenté dans le *Philèbe* ?

---

[23] Sur le Bien de la *République*, voir Th. A. Szlezák, « L'idée du Bien en tant qu'*archê* dans la *République* de Platon », in M. Fattal (éd.), *La Philosophie de Platon*, Paris, L'Harmattan, 2001, Tome 1, pp. 345-372 ; R. Ferber, « L'idea del bene è o non è trascendente ? Ancora su *epekeina tês ousias* », in M. Bonazzi e F. Trabattoni (ed.), *Platone e la tradizione platonica. Studi di filosofia antica*, Milano, Monduzzi Editore, 2003, pp. 127-149.
[24] Cf. *Phédon*, 100 a 4, d 8, e 1.
[25] Cf. *Phédon*, 100 a 5-6.

Qu'est-ce qui suggère un tel rapprochement avec le *Philèbe* ? Et jusqu'à quel point un tel rapprochement est-il tenable ?

Au même titre que le bien du *Phédon* et de la *République*, le bien du *Philèbe* est caractérisé par la « puissance » (*dunamis*). « La puissance du bien (*hê tou agathou dunamis*), dira Platon, s'est réfugiée dans la nature du beau » en *Philèbe* 64 e 5-6[26]. La nature du beau, du fait de son lien intime avec la mesure et la proportion (64 e 6-7), aurait en fait pour fonction de manifester, de rendre visible le bien et de représenter concrètement l'effet du bien conçu comme cause active et dynamique. Le beau conçu comme mesure et proportion serait la manifestation visible, concrète et dynamique de ce bien pour l'homme. Il faut noter tout de suite ici que le bien du *Philèbe* est le « bien pour nous », le bien pratique pour l'homme, et non le « bien en soi » du *Phédon*, car ce dialogue tardif se propose de déterminer ce qu'est la vie bonne et heureuse pour l'homme qui est censée être une vie faite d'un mélange mesuré et proportionné de plaisir et de pensée. Le bien pour nous, c'est-à-dire le bien pour l'homme, résiderait finalement dans une vie belle faite de mesure et de proportion[27]. Le bien est donc une *dunamis* qui se manifesterait à travers la *phusis* du beau s'exprimant elle-même d'une manière dynamique et concrète dans la mesure et la proportion. Le bien en soi du *Phédon* n'est donc pas le « bien pour nous » du *Philèbe*, et n'entretient aucun rapport causal concret avec le beau. Il représente plutôt une « Forme » qui est placée « à côté » de toutes les autres Formes que sont le « beau en soi », l'« égal en soi », le « grand en soi »

---

[26] Pour un commentaire de ces deux lignes du *Philèbe*, cf. M. Fattal, « Du Bien et du Beau dans le *Philèbe* 64 e 5-6 de Platon et son exégèse plotinienne », in M. Fattal, *Plotin face à Platon*, Paris, L'Harmattan, 2007, pp. 17-30.

[27] M. Dixsaut, *Métamorphoses de la dialectique dans les dialogues de Platon*, Paris, Vrin, 2001, p. 332 : « Pour nous, humains, proportion, beauté et vérité ne sont pas des Idées, des Formes intelligibles à définir dialectiquement […], ce sont les trois significations possibles de ce que nous nommons 'bon', et de la proportion, de la beauté et de la vérité ».

sans pour autant exercer sur elles une puissance concrète. La puissance causale du « bien en soi », conçue comme cause exemplaire dans le *Phédon*, s'exerce, on l'a vu, sur les choses sensibles en vue de les fonder (soutenir, tenir ensemble : *sunechein*) et assurer leur cohésion, leur synthèse (lier ensemble : *sundein*).

Après avoir noté le caractère commun du bien du *Phédon* et du bien du *Philèbe*, conçu comme *dunamis*, et après avoir relevé les différences qui les séparent, la comparaison avec le bien du *Philèbe* peut être poursuivie puisque ce dialogue tardif reprend à son compte une autre caractéristique du bien que l'on trouve dans le *Phédon*, à savoir sa « suffisance ». Socrate se demande en effet dans le *Philèbe* en 20 d 4-5 si « le bien se suffit » (*hikanon tagathon;*), et Protarque de lui répondre positivement en disant que c'est dans la suffisance que ce bien se différencie (*diapherei*) de tout ce qui est. Il faut par ailleurs noter que, dans ce passage 20 d du *Philèbe*, Socrate présente le bien sous trois aspects : la perfection (*teleion*), la suffisance (*hikanon*) et le fait d'être digne de choix (*haireton*). La capacité d'être parfait/complet et la capacité d'être suffisant, qui sont la condition de tout choix, peuvent être en fait ramenées à une puissance unique, l'autarcie[28].

Mais qu'est-ce que l'autarcie ? L'expression « ne pas avoir besoin de quelque chose » (*mêden mêdenos eti prosdeisthai*) qu'on trouve dans le *Philèbe* en 60 b désigne généralement, dans la philosophie grecque, ce qui se suffit à soi ou ce qui est autarcique, c'est-à-dire ce qui ne dépend de rien pour exister ou être. Socrate ne dira-t-il pas en effet, en 60 b-c, que « la nature du bien se différencie de toute autre par le caractère suivant », à savoir que « toute créature qui en jouirait sans

---

[28] Voir, à ce sujet, l'étude de L.-A. Dorion, « L'autarcie et les critères du bien (*Philèbe* 20 d et 67 a) », in J. Dillon/L. Brisson (eds), *Plato's Philebus. Selected papers from the Eighth Symposium Platonicum*, Sankt Augustin, Academia Verlag, « International Platon Studies, vol. 26 », 2010, pp.146-151.

cesse, jusqu'à la fin, en tous sens et de toutes manières, n'aurait plus jamais besoin de rien d'autre (*mêdenos heterou pote eti prosdeisthai*) et serait on ne peut plus satisfaite (*to de hikanon teleôtaton echein*) »[29] ? Comme le note L.A. Dorion, le fait même que Socrate associe étroitement dans ce passage *hikanon* et *teleôtaton* en une seule et même expression est une façon d'exprimer l'état de celui qui n'éprouve aucun besoin et qui est par conséquent autarcique[30]. L'*hikanon* qui se suffit à lui-même, on l'a vu dans le *Phédon* 101 d-e, caractérise le principe (*archê*) qui est atteint en remontant (*tôn anôthen*) vers l'hypothèse qui est censée être la meilleure. Le principe atteint, qui commence et qui commande toute chose – puisque toute chose en découle (*ex ekeinês*) – et qui peut être identifié aux Formes en général, et à la Forme du bien en particulier, est donc finalement ce qui se suffit à lui-même, ce qui n'a besoin de rien pour exister. La « vérité » fait également partie de ce principe solide recherché d'où découle ou d'où provient toute réalité (101 d-e). Même si le « bien en soi » du *Phédon* n'est pas le « bien pour nous » du *Philèbe*, on peut cependant leur accorder à tous les deux une puissance commune, l'autarcie, puisque l'un et l'autre « se suffisent » à eux-mêmes et n'ont besoin de rien pour exister.

Pour conclure sur la comparaison établie entre le *Phédon* d'une part et la *République* et le *Philèbe* d'autre part, il faut rappeler que *l'hikanon ti* du *Phédon* qu'on trouve dans la page célèbre du *Phédon* 101 d-e – qui semble correspondre au texte tout aussi significatif de la *République* 510b-511b portant sur l'hypothétique et l'anhypothétique – n'autorise pas vraiment de parler de « principe absolu – *archê anhupothetos* – mais seulement d'un recours à quelque chose de suffisant »[31]. Le bien en soi du

---

[29] Trad. A. Diès, *Platon, Philèbe*, Paris, Les Belles Lettres, « CUF », (1941), 1978, p. 82.
[30] L.-A. Dorion, *op. cit.*, p. 147-148.
[31] P. Ricoeur, *Être, essence, substance chez Platon et Aristote*, Paris, Seuil, 1982, p. 57, partage à ce sujet le point de vue de H.-G. Gadamer, *L'Ethique*

Phédon se situerait donc entre le bien relatif (pour nous) du *Philèbe* et le Bien absolu du principe anhypothéique de la *République* situé « au-delà de l'essence ».

VI. Le Bien du *Phédon* comme cause relationnelle et comme relation causale

Dans le *Phédon*, le bien en soi est autarcique du fait qu'il est le principe (*archê*) ou la cause (*aitia*) exemplaire et paradigmatique des choses qui dépendent de lui. Le bien en soi du *Phédon* est donc le modèle à partir duquel les biens particuliers existent ici-bas dans le sensible. Face à l'autarcie du bien en soi et par soi, ou de la forme en soi et par soi, il y a la dépendance et la déficience des choses sensibles qui dépendent toutes des Formes dont elles sont les effets. C'est dans un rapport de cause à effet, de paradigme à image, de Forme intelligible à chose sensible, que Platon envisage dans le *Phédon* la Forme (ici en l'occurrence la Forme du bien) comme relation causale produisant un effet. La cause (la Forme en général, et la Forme du bien en particulier) est donc une cause relationnelle, une cause rattachant nécessairement (*deon*) ce qui est dépendant à ce qui est indépendant, ce qui est second par rapport à ce qui est premier. Cette relation causale est certes une relation verticale qui va du haut vers le bas puisque c'est le « suffisant » qui impose et dispose la chose sensible à son image, et qui constitue d'une certaine manière le « joug » sous lequel les choses sont ordonnées, supportées, soutenues.

Cette cause relationnelle ou cette relation causale diffère de la relation que le philosophe du *Banquet* pouvait lui aussi établir. C'est à partir d'un autre lieu que le philosophe du *Banquet* agit relationnellement. C'est à partir de sa position médiane et intermédiaire entre les hommes et les dieux, le

---

dialectique de Platon. Interprétation phénoménologique du Philèbe, Paris, Actes Sud, 1994, p. 123.

sensible et l'intelligible, l'ignorance et le savoir, et c'est à partir de sa nature désirante que la relation dynamique se réalise entre les différents niveaux de réalité cosmologique et ontologique, anthropologique et théologique. Le philosophe, identifié à la figure de l'*éros*, n'est pas une Forme exemplaire – possédant une puissance contraignante de liaison que lui confère son éminence d'Etre séparé soumettant du haut de sa transcendance la totalité des choses sensibles –, mais incarne tout simplement une « autre puissance », celle d'un être vivant concret, situé dans l'entre-deux à mi-chemin du haut et du bas, et doté d'un « désir » immense du beau et du bien, et liant ainsi le bas au haut. Le mouvement dynamique et synthétique du philosophe du *Banquet* partirait du bas pour s'orienter vers le haut afin de conduire les hommes du sensible à l'intelligible. Le dynamisme fondateur, structurant et unifiant, résultant « du joug de la Forme » ou du « joug du bien » illustré dans le *Phédon*, partirait, quant à lui, du haut pour aller vers le bas.

Mais peut-on se satisfaire d'une telle représentation topologique du lien dynamique unissant la Forme ou « le bien nécessaire et suffisant » aux choses qu'il fonde, lie et structure ? Le « bien » comme « lien » est-il la seule instance qui assure la synthèse du Tout avec lui-même ?

À partir du moment où Socrate « pose » à la suite de sa « seconde navigation » la théorie des Formes intelligibles, et qu'il laisse entendre qu'elles sont « en soi » et « par soi », qu'elles sont autarciques et indépendantes, voire séparées, des choses dont elles sont les causes, Platon se trouve confronté, on l'a vu, au problème du « lien » ou de la « relation » pouvant être établi entre ces Formes exemplaires (paradigmatiques) et les choses qu'elles sont censées déterminer causalement. C'est le fameux problème de la « participation » (*methexis*) qui surgit ici. Les Formes sont certes pour les choses sensibles leurs causes. La Forme serait en quelque sorte « présente » dans l'effet causé – à savoir la chose sensible – et elle serait donc la source de son intelligibilité. Les termes qui sont utilisés par

Platon pour dire et rendre compte de l'acte de participer (*metechein*) sont entre autres ceux de la « présence » (*parousia*) et de la « communauté » (*koinônia*) (100 d 5-6)[32].

VII. L'acte de participer (*metechein*) exprime aussi le fait de « lier ensemble »

Se posant la question de savoir « comment » une chose belle est belle, Socrate répondra : « rien d'autre ne rend cette chose belle sinon le beau, qu'il y ait de sa part présence (*parousia*), ou communauté (*eite koinônia*), ou encore qu'il survienne (*eite prosgignomenou*) – peu importe par quelles voies et de quelle manière, car je ne suis pas encore en état d'en décider ; mais sur ce point-là, oui : que c'est par le beau que toutes les belles choses deviennent belles » (100 d) (trad. M. Dixsaut). Un peu plus haut, en 100 c, Socrate avait déjà affirmé que « si, en dehors du beau en soi, il existe une chose belle, la seule raison pour laquelle cette chose est belle est qu'elle participe (*metechei*) à ce beau en soi ». Le verbe *metechein* utilisé en 100c – utilisation du verbe à partir duquel Platon va élaborer dans ses dialogues ultérieurs le substantif (le concept) de « participation » (*methexis*) – désigne le fait « de partager quelque chose », « d'avoir ou de prendre sa part de quelque chose ». Ce qui laisse entendre qu'entre le beau en soi et la chose belle, il y a quelque chose de « commun à partager », et cette chose « commune » à partager (à recevoir ou à prendre) n'est rien d'autre que la « communauté » (*koinônia*) qui assure le « lien » entre ces deux ordres différents. Il y aurait donc dans la chose belle « présence » (*parousia*) du beau en soi, « présence de quelque chose de commun à partager » entre la Forme du beau et la chose sensible qui est belle. D'ailleurs, en 100 d 6, il est dit

---

[32] Sur les différents verbes et substantifs exprimant la participation dans l'œuvre de Platon, cf. L. Brisson, « Comment rendre compte de la participation du sensible à l'intelligible chez Platon ? », in J.-F. Pradeau (éd.), *Platon : Les formes intelligibles, op. cit.*, p. 56, n. 3.

aussi que la forme belle « survient » ou « advient » (*prosgignesthai*)³³ dans la chose belle. Ainsi, à côté de l'état statique de « présence » et de « communication » entre le beau en soi et la chose belle, Platon se servirait du verbe *prosgignesthai* pour dire l'action dynamique, l'advenue effective de la Forme dans la chose ³⁴. Ce verbe *pros-gignesthai* peut renvoyer également au fait « d'ajouter » quelque chose. La « présence » de la Forme belle dans la chose sensible qui est belle peut donc être comprise comme un « ajout » de la Forme à la chose, comme une sorte de « supplément »³⁵.

On peut dire que l'acte de participer (*metechein*, 100 c et 101 c) exprime le fait de « lier ensemble » le sensible et l'intelligible en leur faisant « partager quelque chose de commun ». C'est à travers *l'état statique* de la « présence » et de la « communauté » que ce lien se réaliserait : présence de la forme « dans » (*en*) ou « sur » (*epi*) la chose sensible, communauté permettant de partager un *koinos* entre deux domaines différents. Il se réaliserait également à travers *l'action dynamique* d'un « survenir », d'un « ad-venir » (*pros-gignesthai*) pouvant être également compris sous la forme d'un « ajouter ». Le passage 100 d laisse entendre une part d'indétermination ou d'indécision quant à ces trois modalités de la participation. « Peu importe, dit à ce

---

³³ Sur un compte rendu des différentes leçons proposées par les manuscrits et sur les différentes conjectures proposées par les commentateurs de la ligne de 101 d 6, cf. la lecture de M. Dixsaut, *Platon, Phédon, op. cit.*, pp. 377-380, n. 283 que nous avons suivie.

³⁴ Sur le caractère dynamique de cette action, voir M. Sekimura, *Platon et la question des images*, Bruxelles, Éditions Ousia, 2009, pp. 194-209.

³⁵ Les néoplatoniciens concevront, quant à eux, la participation comme procession. Damascius, *Traité des Premiers Principes*. Volume III : *De la Procession*, Texte établi par L.G. Westerink et traduit par J. Combès, Paris, Les Belles Lettres, « CUF », 1991, dira, en effet, en II, 2, p. 168, que le mot « participer » (*metechein*) « veut dire avoir (*echein*), mais avoir après (*meta*) un autre et à partir d'un autre, avoir en second et non pas en premier [...], c'est la même forme qui, elle-même, est ce qu'elle est en soi, et qui est participé en procédant (*proion*) d'une chose dans une autre ».

sujet Socrate, par quelles voies et de quelle manière [« ou bien » la présence, « ou bien » la communauté, « ou bien » le fait de survenir/advenir/ajouter], car je ne suis pas encore en état d'en décider ». Indécision et indétermination donc quant à la modalité, quant à la voie ou quant au moyen de la participation[36] conçue dans les trois cas comme « lien » ou « relation » entre deux niveaux différents de réalité.

Si la Forme belle est la cause exemplaire et finale disant *pour-quoi* et *en vue de quoi* une chose sensible est belle, rendant ainsi compte de l'intelligibilité des choses ; la participation se propose, pour sa part, de dire *comment* elle est belle. La cause paradigmatique et finale de la Forme, et les différentes modalités décrivant la participation de la chose sensible à la Forme en soi, expriment chacune à sa manière le « lien » reliant deux domaines différents et séparés. Platon cherche ainsi à résoudre le dilemme et le paradoxe résultant du maintien simultané de la « séparation » (*chôrismos*) et de la « relation/participation » (*methexis*). Un paradoxe, voire même une contradiction, semblent habiter sa représentation du réel. Les commentateurs n'ont cessé de le signaler[37]. Affirmer l'en soi et le par soi de la Forme, c'est-à-dire son caractère séparé par rapport aux choses sensibles qui sont « pour nous », rend difficile, voire impossible, tout « lien » ou toute « relation » avec le sensible. Reconnaître paradoxalement que la chose sensible « participe à » ce qui est en soi, c'est-à-dire « partage quelque chose de commun » avec la Forme, aurait pour effet d'affaiblir, voire d'annuler, le caractère « séparé » et « un » de l'*eidos* qui se trouve en quelque sorte divisé à travers une multiplicité de choses sensibles. Ayant soulevé ainsi, dans le *Phédon*, les difficultés inhérentes à sa théorie de la participation,

---

[36] Cette indécision est notamment marquée par la répétition des différents « ou bien » (*eite*).

[37] Voir, entre autres, W.G. Leszl, *op. cit.*, p. 126 ; F. Fronterotta, *Methexis. La teoria platonica delle idee e la partecipazione delle cose empiriche. Dai Dialoghi giovanili al* Parmenide, Pisa, Scuola Normale Superiore, 2001, pp. 283-287.

et après l'avoir remise en cause dans le *Parménide*, Platon tentera de proposer une solution au dilemme suivant : « ou la séparation, ou la participation ». C'est dans ce dialogue plus tardif qu'est le *Parménide* qu'une solution semble se trouver. Les Formes séparées seront en fait conçues à l'image du « jour » ou d'un « voile » qui ne perdent en aucune manière leur unité et leur identité en se trouvant en plusieurs endroits en même temps (*Parménide*, 131 b 3-6), et en recouvrant des choses multiples (*Parménide*, 131 b 6-c 11). Le « lien » des choses multiples, situées à différents endroits, se trouve désormais assuré sans qu'aucune contradiction ne puisse apparaître ou remettre en cause une telle représentation à la fois une et multiple, transcendante et immanente, du réel.

Compte tenu de ce qui vient d'être constaté au sujet de la Forme du « bien » (*agathon*) comme « ce qui lie » (*sundei*) et « ce qui tient ensemble » (*sunechei*) les choses, qui vaut pour toute Forme qui existe en soi et par soi, et qui représente la cause paradigmatique, relationnelle, structurante et fondatrice de la totalité (univers) ; et compte tenu du rôle attribué aux différentes modalités de la participation des choses sensibles aux Formes intelligibles, qui sont autant de modalités statiques et dynamiques exprimant le « lien » sous les registres de la « présence », de la « communauté » et de « l'advenir », on peut dire que la Forme conçue comme cause relationnelle dit le *pourquoi* et le *ce en vue de quoi* les choses existent, sont engendrées et corrompues, et que l'acte de participer (*metechein*), envisagé comme « lien » ou « relation » instaurant quelque chose de commun à partager entre les choses qui existent et les Formes autarciques qui les font exister, dit *comment* ces choses existent, sont engendrées et se corrompent. La Forme, comme le fait de participer, relient et tiennent ensemble des niveaux différents de réalités hiérarchisées. La « Forme du bien comme lien » et la « participation comme relation » signifient finalement, l'une et l'autre, la « relation dans la séparation ».

On peut ajouter que le « bien » dont il a été question dans le *Phédon* ne fait qu'annoncer et préfigurer la « puissance unifiante » du Bien exercée et développée dans la *République*, 508 a 1 *sq*. Le bien du *Phédon* et le Bien de la *République* lient et tiennent ensemble, fondent les choses nécessairement et obligatoirement. La *dunamis* causale et principielle du bien du *Phédon* ne peut cependant pas être identifiée à la *dunamis* incomparable du Bien de la *République*. À l'instar des autres Formes, le bien du *Phédon*, situé sur le même pied d'égalité que toutes les Formes que sont le beau, l'égal ou le grand en soi, possède une éminence sur les choses sensibles qu'il relie et tient ensemble, fonde et structure. Il ne possède cependant pas la *sur-éminence* du Bien de la *République* situé aux confins du monde intelligible, surpassant l'essence en ancienneté et en puissance (509 b), fondant et unifiant les Formes du haut de sa transcendance. Le Bien de la *République* relie non seulement le « lieu intelligible » au « lieu sensible », lie le modèle à son image déficiente, mais possède une causalité supérieure, plus grande et plus ancienne que celle de toute Forme[38]. Il possède une puissance et un pouvoir que le bien du *Phédon* ne peut en aucune manière exercer sur les autres Formes. Le « bien » du *Phédon* posséderait par ailleurs, ou annoncerait d'une manière programmatique, certains caractères du « bien pratique », du « bien relatif » à l'homme, de ce qui est « bon pour nous », développé dans le *Philèbe*. Le « bien en soi » du *Phédon*, du fait de sa transcendance, n'est certes pas le « bien » ou le « bon pour nous » (relatif) du *Philèbe*. Il n'est pas identifiable à la *dunamis* du bien du *Philèbe* qui se manifesterait dans une vie bonne faite de beauté, de vérité, de mesure et de proportion ou de mélange proportionné entre le plaisir et la pensée. Il préfigure cependant, à travers l'*hikanon ti* qu'il met en avant, l'autarcie du bien prônée par le *Philèbe*.

---

[38] Cf. M. Dixsaut, « De l'*Idea* du bien à sa lumière », in M. Dixsaut, A. Castel-Bouchouchi, G. Kévorkian (éds), *Lectures de Platon*, Paris, Éditions Ellipses, « Lectures de… », 2013, pp. 80-84.

Dans de telles conditions, le « bien » du *Phédon* annonce et préfigure manifestement certains aspects du Bien suréminent de la *République* et certains caractères du bien pratique du *Philèbe*. L'acte de « participer » (*metechein*), mis en œuvre dans le *Phédon*, annonce aussi d'une manière programmatique ce que sera le concept de « participation » (*methexis*) qui sera solidement établi dans les dialogues ultérieurs. Ce caractère programmatique apparaît dans le fait que l'acte de « participer » se dit de différentes manières sans qu'aucune de ces manières n'obtienne un privilège sur les autres. Ce caractère programmatique apparaît surtout dans l'imprécision et l'indécision éprouvées par Socrate quant à savoir laquelle des trois manières que sont la « présence », la « communauté » et « l'advenir » exprime au mieux le caractère relationnel de la participation, un caractère relationnel de la participation qui ne fait aucun doute pour Platon.

VIII. Le Bien comme lien et l'acte de participer comme relation : leur rôle au sein du langage humain

Ainsi le « bien » comme « lien », et l'acte de « participer » comme « relation », disent et redisent la nécessité qu'il y a pour Platon d'exprimer l'unité dans la différence, l'un dans le multiple (la Forme est « présente » dans la chose qui est multiple), la relation dans la séparation. On peut se demander à ce niveau de notre réflexion si finalement le problème inextricable résultant du *chôrismos* platonicien ne résulterait pas de la lecture qu'Aristote fera à ce sujet, une lecture dont les commentateurs seraient encore tributaires. Dans l'introduction à sa traduction annotée du *Phédon* de Platon, G. Reale insistera sur l'influence exercée, par la lecture que fera Aristote du *chôrismos* platonicien, sur les commentateurs contemporains. Reale soutient que le *chôrismos* platonicien doit être compris comme « distinction » entre deux ordres différents tout en soulignant que cette « distinction » ne signifie pas

« opposition » ou « contradiction »[39]. Dans de telles conditions, il n'y aurait pas de « dualisme » au sens strict chez Platon puisqu'on aurait affaire à une « différence de nature » et non à une « opposition entre deux mondes », ou à un « redoublement inutile »[40] de la réalité puisque ces deux natures se trouvent nécessairement reliées. Le « bien en soi » en tant qu'il « lie ensemble » (*sundei*) et « tient ensemble » (*sunechei*) nécessairement (*deon*) les choses, tout en conservant son unité et son identité, sera distingué de la chose sensible qui est de nature différente et qu'il fonde pourtant et structure. Une telle puissance fondatrice et structurante exercée par la Forme sur la chose sensible ne peut s'opposer ou contredire cette nature différente qu'elle fait exister en tant que cause. Étant de nature différente, la chose sensible nécessairement liée à sa cause du fait de sa participation à l'Essence qui l'engendre, partageant quelque chose de commun avec son modèle, contenant en elle ou possédant la Forme qu'elle reçoit lorsque cette dernière « survient » en elle, tout ceci ne peut qu'atténuer, voire même corriger, le « pseudo-dualisme platonicien » des commentateurs. Dans de telles conditions, on ne peut plus vraiment parler de « séparation radicale » mais de différences d'ordre anthropologique, ontologique ou cosmologique qui doivent nécessairement être reliées afin d'éviter toute forme de fragmentation du réel et de l'homme. L. Brisson, dira, à son tour, que « la séparation ne peut être totale, tout simplement parce que l'hypothèse de l'existence des Formes a été faite pour apporter une solution aux paradoxes que ne cessent de susciter les choses sensibles »[41].

On peut se demander si Platon, à travers ces distinctions d'ordre anthropologique entre l'âme et le corps, et ontologique

---

[39] *Platone, Fedone*, A cura di G. Reale, *op. cit.*, p. 42.
[40] *Ibid.* p. 43.
[41] L. Brisson, *op. cit.*, p. 59-60. Voir, tout récemment, l'ouvrage évocateur de L. Candiotto (ed.), *Senza dualismo. Nuovi percorsi nella filosofia di Platone*, Prefazione di G. Casertano, Milano-Udine, Mimesis Edizioni, « Askesis, 7 », 2015.

ou cosmologique entre le sensible et l'intelligible, n'est pas en train de traiter à nouveaux frais un problème récurrent dans toute la philosophie grecque, et qui a été central chez un bon nombre de penseurs, qui est celui du « lien » ou de la « relation » pouvant exister entre l'un et le multiple, le même et l'autre, l'identité et la différence. L'émergence et le traitement de ce problème du « lien » entre des termes, des notions, des genres différents, voire même entre des idées contraires, en vue de rendre raison de la complexité du réel et du langage, investiront le *Phédon* à travers la position des Formes (unes et identiques par rapport aux choses sensibles qui sont, quant à elles, multiples et différentes) et à travers la position d'une relation de participation que Platon thématisera dans ses dialogues ultérieurs. Le *Phédon*, qui est l'un des premiers dialogues de la maturité, annoncerait cette problématique fondamentale de l'un et du multiple qui sera affrontée logiquement de plein fouet dans le *Parménide* et dans le *Sophiste*. On peut d'ailleurs se demander si le *Phédon* n'annoncerait pas à sa manière la réflexion cruciale du *Sophiste* sur l'un et le multiple qui semble habiter paradoxalement tout langage (*Sophiste*, 251 a), et les développements qui seront établis dans ce dialogue tardif entre par exemple le même et l'autre en vue de dresser une carte ontologique complexe, fondée sur des « liens » logiques subtils qui semblent déjà suggérés ou même parfois établis par certains exemples du *Phédon*.

1. Sur la participation dans le *Phédon* et dans le *Sophiste*

Comme nous le savons, le *Sophiste* porte sur la question de l'être et sur celle du langage. De par son lien intime à la question de l'être et du *logos*, ce dialogue porte bien son sous-titre : *Sur l'être, du genre logique* (*Peri tou ontos, logikos*). Avant de rentrer dans le détail d'une comparaison entre le *Phédon* et le *Sophiste* au sujet des modalités de la *participation horizontale* des idées entre elles, ou de l'entrelacement mutuel des formes qui serait en quelque sorte annoncé dans le *Phédon*, essayons d'envisager au préalable la question de la « dénomination » telle qu'elle est développée dans le *Phédon* dans le cadre de ce qu'on pourrait appeler la *participation verticale* de la chose sensible à la Forme intelligible. Cette approche de la dénomination qui ne peut s'expliquer, dans le *Phédon*, qu'à partir de cette participation verticale, devrait permettre d'aborder par la suite l'étude des règles de pertinence logique qui président à l'entrelacement adéquat ou à la participation mutuelle/ horizontale des formes en vue de fonder tout discours correct et tout discours en général[42].

Il va sans dire que c'est le *Sophiste* qui va énoncer ces règles d'une manière explicite à travers l'élaboration de sa théorie des cinq genres les « plus grands » (*megista genê*), et à travers la science dialectique permettant de déterminer les règles de compatibilités sémantique, syntaxique, logique et eidétique entre les genres en vue de rendre compte d'un réel complexe composé d'unité et de multiplicité, d'identité et d'altérité, de repos et de mouvement. Le discours lui-même, en tant qu'il imite les choses dans leur complexité, serait constitué de l'agencement de l'un et du multiple, du même et de l'autre. La science dialectique, qui est censée « guider » le *logos* en vue de lui communiquer ces règles de compatibilités légitimes qu'il faut établir entre des genres différents pour que ce discours soit vrai ou même existe tout simplement en tant que discours, est bien évidemment le propre du philosophe. Mais, avant d'en arriver à aborder la question du discours conçu comme composition (*sunthesis*) complexe de noms et de verbes, ou entrelacement (*sumplokê*) adéquat d'idées ou de genres, essayons de voir ce qu'il en est du nom tout seul tel qu'il apparaît dans le *Phédon*.

Dans ce dialogue, la question de la dénomination qui apparaît à travers l'homonymie (deux choses possédant un

---

[42] Voir, à ce sujet, M. Fattal, *Le Langage chez Platon. Autour du Sophiste*, Paris, L'Harmattan, « Ouverture Philosophique », 2009.

même nom) et de l'éponymie (nom qui a été donné à une chose) doit être rattachée à l'existence des Formes. En effet, les réalités sensibles reçoivent non seulement leur être des Formes intelligibles, mais elles en reçoivent également leurs noms. Elles sont donc leurs « homonymes » (*homônuma*) (*Phédon*, 78 e 2). Le nom qui a été donné par la Forme à la chose ou « éponymie » (*eponumia*) (102 b 2, c 10, 103 b 7-c 1)[43] permet en quelque sorte de rendre compte de la « présence » (*parousia*) de la Forme dans (*en*) la chose, c'est-à-dire de la participation de la chose sensible à la Forme qui lui « communique » son nom ou qui la dénomme. Compte tenu de ce qui a été montré jusqu'à présent, on peut dire que c'est par la Forme qu'une chose existe, est engendrée et se corrompt, que c'est de la Forme qu'elle reçoit son nom ou se trouve ainsi dénommée, et que c'est par la Forme belle qu'une chose sensible devient belle ou grande, se trouve qualifiée par la beauté ou la grandeur. La participation verticale de la chose sensible à la Forme est, on l'a vu, comprise comme « présence » de la Forme « dans » la chose causée.

La Forme comme critère et comme cause devrait non seulement manifester sa présence dans la chose en lui donnant son nom et sa détermination (78 d-e), mais elle est également censée la dénommer adéquatement[44]. Il faut donc s'assurer du fait que le nom attribué à la chose se rapporte ou s'applique légitimement à cette chose. Il peut arriver que cette application du nom à la chose soit illégitime. Soit il y a consonance, soit il y a dissonance, entre le nom et la chose[45]. La consonance entre le nom et la chose a lieu à condition que la propriété ou la détermination, accordée à travers le nom à la chose par le biais de la Forme dont elle participe, soit acquise ou possédée

---

[43] Sur l'homonymie entre les choses sensibles et les Formes intelligibles, cf. Dixsaut, *Platon, Phédon, op. cit.*, p. 351, n. 159.
[44] *Ibid.*, p. 363, n. 229 ; p. 384-385, n. 289.
[45] Sur les exemples de consonance et de dissonance donnés, voir notamment *Phédon*, 69 b, 93 d - 94 a. Voir, également, M. Dixsaut, *Platon, Phédon, op. cit.*, Introduction, p. 145-146.

effectivement par cette chose. La dissonance entre le nom et la chose advient « lorsque, parmi les choses dont on croyait qu'elles avaient acquis une propriété du fait de leur participation à une Forme donnée, et qu'on nommait en fonction de cette Forme éponyme, certaines se révèlent posséder effectivement cette propriété, et d'autres non »[46]. Il s'agit donc de s'assurer à chaque fois de la conformité effective et réelle entre la dénomination et la chose ainsi dénommée. Il est évident que, pour tenir un discours complexe, formé de noms et de verbes, il faut que les choses soient au préalable dénommées ou nommées. La question de l'onomastique et de la conformité des mots aux choses sera abordée ultérieurement, on le sait, dans le dialogue du *Cratyle* qui envisage expressément la question « de la rectitude des noms » (c'est le sous-titre du *Cratyle*). Le *Phédon*, à travers le traitement de cette question de l'éponymie, entraînant une réflexion sur les consonances ou dissonances possibles entre les noms et les choses, annonce donc les réflexions du *Cratyle* soucieux de rendre raison de la conformité des mots aux choses. Les noms, dira Platon dans le *Cratyle*, 430 b, sont les imitations (*mimêmata*) des choses. C'est donc dans un rapport mimétique de dépendance et de fidélité du nom à la chose qui fonderait une dénomination correcte. En d'autres termes, un nom sera juste et vrai à condition qu'il imite fidèlement la chose[47]. Au terme de son enquête étymologique qui est censée rendre raison du « sens vrai » (*etumos*) des mots, de leur rectitude, de leur vérité[48],

---

[46] *Ibid.,* p. 385, n. 289.
[47] Voir, là-dessus, M. Fattal, « Vérité et fausseté de l'*onoma* et du *logos* dans le *Cratyle* de Platon », in N.-L. Cordero (éd.), *Ontologie et herméneutique, Hommage à Pierre Aubenque*, Paris, Vrin, 2000, pp.13-31 ; repris dans M. Fattal (éd.), *La Philosophie de Platon*, Paris, L'Harmattan, « Ouverture Philosophique », 2001, Tome 1, pp. 207-231. Voir, également, M.L. Gatti, *Etimologia e filosofia. Strategie communicative del filosofo nel* Cratilo *di Platone*, Prefazione di R. Radice, Milano, Vita e Pensiero, « Temi metafisici e problemi del pensiero antico. Studi e testi, 100 », 2006.
[48] L'« étymologie », renvoyant à l'étude de l'origine des mots, signifie avant tout le « sens vrai d'un mot » (*etumo-logia*).

de leur conformité au réel, Platon est conduit à remettre en cause cet idéal de la *mimêsis* simple du mot à la chose, et préconise de ce fait un « retour aux choses mêmes ». Cette crise de la *mimêsis*, qui a pour effet d'abandonner toute recherche onomastique et étymologique, est donc censée déboucher sur une pragmatique, c'est-à-dire qu'elle entraîne un retour aux *pragmata*, aux choses mêmes ou aux référents qui constituent le critère de tout langage, d'où l'importance qui sera accordée à l'ontologie dans son rapport à la question du *logos* dans le *Sophiste*. Une ontologie qui connaîtra une transformation radicale et un réaménagement total par rapport à l'ontologie des dialogues classiques de la maturité[49].

2. Sur le lien ou la relation au sein du langage et de la réalité : une participation verticale dans le *Phédon* et une participation horizontale dans le *Sophiste* ?

Mais si le *Cratyle* remet en cause la *mimêsis* simple du mot à la chose, le *Sophiste* semble, pour sa part, maintenir cet idéal de la *mimêsis* qui ne sera plus celle toute simple du mot à la chose, mais qui sera l'imitation complexe se réalisant, cette fois-ci, entre l'entrelacement des noms et des verbes dans le *logos* (discours) et l'entrelacement tout aussi complexe des choses dans la réalité. La vérité du discours résulte ainsi de cette correspondance complexe des noms et des verbes dans le discours aux choses dans la réalité[50]. C'est dans la consonance de deux formes de complexités, induisant la multiplicité et la composition, que résiderait la conformité du *logos* (discours)

---

[49] Voir, à ce sujet, M. Fattal, « Vérité et fausseté de l'*onoma* et du *logos* dans le *Cratyle* », in *La Philosophie de Platon, op. cit.*, p. 207 sq. ; voir également du même auteur, *Le Langage chez Platon. Autour du* Sophiste, *op. cit.*, pp. 39-83.

[50] Cf. M. Fattal, Logos, *pensée et vérité dans la philosophie grecque*, Paris, L'Harmattan, « Ouverture Philosophique », 2001 ; trad. it. *Ricerche sul logos. Da Omero a Plotino*, A cura di R. Radice, Milano, Vita e Pensiero, « Temi metafisici e problemi del pensiero antico, 99 », 2005.

aux choses. Restera, pour Platon, à étudier, dans ce cadre de la multiplicité et de la complexité des noms et des verbes dans leur correspondance à la multiplicité et à la complexité des choses dans la réalité, les règles de pertinence régissant l'entrelacement adéquat des formes entre elles qui permettent de fonder scientifiquement le discours vrai en particulier et le discours en général. C'est bien évidemment la science dialectique, pratiquée par le philosophe, qui se chargera d'énoncer ces règles de pertinence permettant d'associer adéquatement les noms et les verbes, les genres et les idées.

Tout ce développement permet d'insister sur le rôle majeur joué par la notion de « lien » ou de « relation » dans le langage et dans la réalité. Pour en arriver à évoquer la question de la participation horizontale ou mutuelle des formes, ou de l'entrelacement adéquat des idées et des genres permettant de fonder la composition adéquate des noms et des verbes dans le *Sophiste*, il a été nécessaire de rendre compte de la participation verticale ou des « liens » établis, dans le *Phédon*, entre les mots et les choses. Une telle relation ou participation verticale, supposant une hiérarchie, a permis de mettre l'accent sur le rôle fondamental joué par la « relation causale » ou « la cause relationnelle » des Formes donnant leurs existences et leurs noms aux choses. Une telle donation de l'être et du nom à la chose par le biais de la Forme, et par celui de la participation des choses aux Essences, conçue comme « présence » ou « communauté », est ce qui doit permettre de fonder et de structurer non seulement les choses dans leur rapport de dépendance aux causes paradigmatiques qui les ont produites, mais elle doit aussi permettre de fonder tout *logos*/discours en vue de parler adéquatement et correctement. La recherche de la dénomination simple doit bien évidemment constituer le préalable nécessaire à l'établissement de tout discours complexe formé de noms et de verbes caractérisés par la multiplicité.

La relation de participation verticale a été jusqu'à présent abordée, dans le *Phédon*, à travers les rapports hiérarchisés du sensible à l'intelligible, de la chose à la Forme, de l'image au modèle, de l'effet à la cause. Cette relation a pu s'exprimer à travers la notion de « communauté » (*koinônia*) entre la Forme et la chose ou à travers la notion de « présence » (*parousia*) de la Forme « dans » la chose, la Forme donnant ainsi son nom à la chose (éponymie). C'est là qu'apparaît le problème de la dénomination correcte ou incorrecte – de la consonance ou de la dissonance pouvant exister entre le nom/mot et la chose – annonçant l'enquête du *Cratyle* sur la rectitude des noms et sur la question de la *mimêsis* qui, se soldant par un échec, ne permettra pas de fonder une dénomination correcte.

Le *Phédon* ne pouvait que suggérer une telle mise en perspective éclairante avec le *Cratyle*. La question du « lien » instauré entre les mots et les choses, par le biais des Formes auxquelles elles participent verticalement, ne pouvait qu'annoncer les réflexions du *Cratyle* portant sur le rapport mimétique des mots aux choses déjà abordé dans le *Phédon*, 74 d 5-7 et 75 a 2-3, sous le registre de la similitude (voir dans ces passages les trois occurrences de *hoion*).

Il est maintenant légitime de s'interroger sur la relation de participation horizontale, ou sur le rapport de participation mutuelle des Formes entre elles qui, dans le *Sophiste*, rétablit cet idéal de la *mimêsis* permettant cette fois-ci de fonder le discours (caractérisé par la complexité et la multiplicité) vrai ou correct. Il faut rappeler ici que c'est la correspondance adéquate de l'entrelacement des noms et des verbes dans le langage *imitant fidèlement* l'entrelacement des choses dans la réalité qui confère au *logos* sa véracité et sa rectitude. La vérité ne peut se situer dans la correspondance toute simple du mot à la chose, ou dans la ressemblance/la similitude/l'imitation simple du mot à la chose comme cela avait été le cas dans le *Cratyle*. La question qui se pose dans le *Sophiste*, et à laquelle Platon tente de répondre, est celle de la « communication adéquate/légitime » des genres entre eux. Le discours vrai serait celui qui associerait d'une manière légitime le même et l'autre. Il dirait les choses telles qu'elles sont dans la réalité, ou imiterait, à travers l'entrelacement complexe adéquat du même et de l'autre, l'entrelacement tout aussi complexe des choses identiques et différentes dans la réalité. Le discours faux serait *a contrario* celui qui associerait d'une manière illégitime les genres du même et de l'autre, de l'un et du multiple, et qui ne serait justement pas en mesure d'imiter correctement l'entrelacement des choses unes et multiples dans la réalité[51]. Le « mélange (*meixis*) des genres » les plus grands, ou la « communication (*koinônia*) réglée de certaines idées avec certaines autres, fondent toute réalité et tout discours. L'être, le même et l'autre font partie de ces genres les plus grands qui seraient dotés d'une « puissance de communication »[52] permettant justement de « lier » les formes entre elles – à la manière des voyelles en grammaire remplissant la fonction incontournable de *desmoi* (liens) entre les consonnes – et c'est la science dialectique qui règlerait adéquatement leurs relations en vue de nous guider à travers les discours[53].

La thèse que je me propose de défendre, en plus de celles déjà défendues à propos du « bien » comme « lien » et de l'acte de « participer » comme « relation »[54], c'est que le dialogue du *Phédon* aborde non seulement l'étude du rapport vertical hiérarchisé, « liant » et « reliant » la chose sensible à la Forme – étude qu'on retrouve ultérieurement dans les autres dialogues de la maturité que sont le *Banquet*, le *Cratyle* et la *République* par

---

[51] Cf. M. Fattal, *Le Langage chez Platon. Autour du Sophiste*, *op. cit.*, pp. 39-83
[52] Cf. *Sophiste* 251 e 8, 254 c 5 (*dunamis koinônias*) et *Sophiste* 252 d 2-3 (*dunamis epikoinonias*).
[53] Sur la grammaire comme paradigme de la dialectique, et sur l'analogie qui est établie dans le *Sophiste*, 252 e sq. entre les « voyelles » circulant à travers les consonnes en vue de « les lier », et les « genres les plus grands » circulant à travers les formes pour les faire se « communiquer entre elles », voir M. Fattal, *op. cit.*, pp. 52-55.
[54] Voir à ce sujet le bilan en Conclusion.

exemple – mais envisage également l'étude des rapports horizontaux que les formes entretiennent les unes avec les autres, rapports qui seront plus systématiquement analysés et thématisés dans ce dialogue tardif qu'est le *Sophiste*.

Mais de quelle manière peut-on soutenir que le mode de participation horizontal des formes entre elles existe bien dans le *Phédon*, et en quel sens ce dialogue est-il lui aussi à la recherche des critères d'un entrelacement adéquat des formes permettant de parler ou de penser correctement ? En quoi la recherche du *Phédon* sur cette question des rapports entre les formes, de leur compatibilité ou de leur incompatibilité, diffère-t-elle des résultats obtenus dans le *Sophiste* au sujet de la « communauté des genres » (*koinônia tôn genôn*) ?

Mais, avant d'envisager le rapport du *Phédon* au *Sophiste* concernant l'entrelacement adéquat ou inadéquat, légitime ou illégitime des formes entre elles, il faudra se demander comment et pourquoi le *Phédon* est conduit à envisager cette question du rapport horizontal entre les idées.

Il faut voir tout d'abord que la question de la relation des idées entre elles ou de leurs exclusions mutuelles est dépendante de la question centrale du *Phédon*, celle de la mort de Socrate induisant le thème tout aussi crucial qui est celui de l'immortalité de l'âme. Ce problème de la survivance de l'âme est clairement posé par Cébès interrogeant Socrate en 70 a-b : « l'âme est-elle en mesure de résister à la mort de l'homme ? ». « Les âmes des hommes qui ont cessé de vivre existent-elles, ou non, dans l'Hadès ? » (70 c). Afin de répondre à ces questions relatives à la survivance de l'âme après la mort, Cébès raconte un mythe (70 b) en évoquant le cycle des naissances et des renaissances des âmes. Bien plus loin dans le dialogue, en 105 d, Socrate va montrer que l'âme qui, par définition, « apporte » (*epipherei*) la vie au corps, « participe » à la Forme de la vie. Or, du fait de sa participation (qui se dit à travers le verbe *epipherein*, signifiant « apporter »[55]) à la Forme de la vie, ou du fait qu'elle « apporte » avec elle la Forme de la vie, cette âme ne peut « participer » à la Forme contraire de la mort. L'âme, qui n'a pas de contraire direct, « apporte » donc avec elle la Forme de la vie qui, elle, possède un contraire direct, la mort. Ainsi, l'âme « ne pouvant recevoir » ou « posséder » la Forme qui est contraire à la vie, à savoir la mort, ne peut qu'être immortelle. Il est intéressant de voir ici comment la Forme de la vie et la Forme de la mort sont des contraires/opposés directs qui s'excluent, et comment l'âme qui n'a pas de contraire direct exclut, à travers la Forme de la vie qu'elle apporte et à laquelle elle participe, son contraire indirect, la mort. À partir de là se trouve posée la question de la compatibilité des formes possédant des contraires directs et indirects[56]. Le premier résultat obtenu est le suivant : toute forme contraire « exclut » son contraire direct. On peut par ailleurs ajouter qu'il y a possibilité pour l'âme, par exemple, qui ne possède pas de contraire direct de « participer » à la vie ou « être incluse » dans la Forme de la vie. « Participer », « être incluse » ou « apporter avec elle » ou « recevoir », « posséder » la Forme de la vie sont autant de manières différentes de dire la compatibilité de l'âme avec la Forme de la vie, et surtout son incompatibilité avec la Forme de la mort. Le second résultat obtenu est donc celui de l'incompatibilité des contraires indirects. Commençons par l'analyse du premier résultat acquis, celui de l'exclusion mutuelle des contraires directs.

---

[55] Ce verbe apparaîtra également dans le *Cratyle* et dans le *Sophiste* pour laisser entendre l'acte de « prédiquer ». Sur ces usages du verbe *epipherein* dans le *Cratyle*, voir M. Fattal, « Vérité et fausseté de l'*onoma* et du *logos* dans le *Cratyle* » in *La Philosophie de Platon*, *op. cit.*, pp. 222-224 *sq*. Sur son usage dans le *Sophiste*, cf. également M. Fattal, *Le Langage chez Platon. Autour du* Sophiste, *op. cit.*, pp. 67-70. Voir *infra* ce qui est dit au sujet du verbe *epipherein* dans le *Phédon*.

[56] Sur cette distinction entre contraires directs et indirects, cf. M. Dixsaut, *Platon, Phédon, op. cit.*, pp. 150-157.

3. Le *Phédon* envisage-t-il avant le *Sophiste* l'exclusion mutuelle des contraires directs ?

Ainsi, le thème important de la relation d'inclusion ou d'exclusion des formes entre elles est introduit à l'occasion du traitement du problème de l'immortalité de l'âme qui pose d'une manière nette et précise le principe de l'incompatibilité des contraires directs. « Jamais un contraire ne sera lui-même son propre contraire » (*Phédon*, 103 b). Ce principe de l'« exclusion » des contraires directs sera systématique abordé et énoncé ultérieurement dans le *Sophiste* à travers l'étude des relations d'inclusion et d'exclusion pouvant exister entre les « genres les plus grands ». Parmi les « genres les plus grands », le genre du « repos » est le contraire direct ou l'opposé direct du « mouvement ». Étant des contraires directs, les genres du « repos » et du « mouvement » s'excluent, sont incompatibles, et ne peuvent donc participer horizontalement l'un à l'autre. Le *Phédon* propose lui aussi au sujet de l'incompatiblité des contraires directs des exemples : jamais la « vie » ne sera la « mort », jamais le « chaud » ne sera le « froid ». En termes de participation, les contraires qui s'opposent ne peuvent « participer » ou être « mis en relation ». La relation entretenue par les contraires qui sont des opposés est donc une « relation d'exclusion ». Ce principe d'exclusion des contraires directs est affirmé dans le *Phédon* en 103 c et 104 b 6-8, et il est clairement énoncé dans le *Sophiste* en 257 b-c où Platon établit explicitement (alors que le *Phédon* l'induisait implicitement) une distinction entre ce qui relève de la « contrariété » (de « l'opposition » qui exclut) et ce qui relève de l'« altérité » (de la « différence » qui n'exclut pas)[57]. Il distinguera également entre

---

[57] Pour être plus précis, il faudrait distinguer, au sein même de l'altérité ou de la différence, les choses qui sont autres ou différentes *sans être contraires*, des choses « tout à fait » (*pantapasin*, *Soph.*, 255 e 11) autres ou différentes et qui *sont des contraires*. En d'autres termes, l'« altérité » représente la première différence, celle qui n'est pas faite de contraires ou d'opposés qui s'excluent, c'est-à-dire celle qui autorise des relations. La « contrariété », en revanche, fait partie de la seconde différence, celle

la « contrariété » (qui oppose et exclut) et la négation (qui n'oppose pas et n'exclut pas). Ainsi, la « négation » du grand, qui est le « non-grand », n'est pas le « contraire » du grand. Il va de soi que le contraire du grand est le petit. Le non-grand (négation) ne s'oppose pas et n'exclut pas le grand qui, lui, en revanche, s'« oppose » et « exclut » le petit puisqu'il est le « contraire » direct du petit. Le non-être (négation) qui fait partie des cinq genres les plus grands du *Sophiste* « n'est pas non plus l'opposé ou le contraire exclusif de l'être » puisqu'il est envisagé sous le registre de l'« autre » (*heteron*) ou de « l'altérité » (*heterotês*) qui fait de lui un non-être relatif pouvant rentrer en relation avec les quatre autres genres. L'« altérité » ou la « figure de l'autre » est donc ce qui autorise la relation des formes entre elles, alors que celle de la « contrariété » ou de l'« opposition » l'exclut manifestement.

Ainsi, l'altérité permet une relation de réciprocité ou de participation mutuelle entre les genres de l'être, du même et de l'autre. Le mouvement et le repos qui sont, quant à eux, des genres différents mais contraires ou opposés, c'est-à-dire exclusifs l'un de l'autre, n'autorisent entre eux aucune forme de relation. À la différence de l'être, du même et de l'autre qui ne s'excluent pas, du fait qu'ils ne sont pas des contraires ou des opposés, le mouvement et le repos s'excluent radicalement du fait de leur contrariété ou de leur opposition. La distinction établie dans le *Sophiste* entre l'« altérité » et la « contrariété » sert donc de *critère* pour dire quels sont les genres qui sont mutuellement et réciproquement consonants et lesquels ne le sont pas. Les genres qui ne sont pas consonants ou qui s'excluent sont donc les contraires directs du mouvement et du repos. Or, le *Phédon*, on l'a vu, évoque déjà, en 103 b et c, 104 b 6-8 et 105 d 6-e5, ce rapport d'exclusion mutuelle entre les

---

qui est faite de contraires ou d'opposés qui s'excluent et n'autorisent par conséquent aucune relation. Cf. D. O'Brien, « Le non-être dans la philosophie grecque : Parménide, Platon, Plotin », in P. Aubenque (éd.), *Études sur le* Sophiste *de Platon*, Napoli, Bibliopolis, « Elenchos, 21 », 1991, pp. 332 *sq.*

formes contraires. Cette « exclusion » est exprimée à travers l'utilisation de l'expression « impossibilité de recevoir » ou « ne pas recevoir » (*mê dechomenon*). Ainsi, la Forme qui a un contraire ne peut recevoir son contraire direct. La vie « ne peut recevoir » la mort, le froid « ne peut recevoir » le chaud, le pair « ne peut recevoir » l'impair. L'expression *mê dechomenon* signifie l'exclusion de toute participation ou de toute relation entre opposés ou entre contraires directs. Elle annonce ce principe de l'exclusion des opposés ou des contraires directs et leur absence de mélange (*ameikta*) que sont le mouvement et le repos clairement énoncés dans le *Sophiste*. Abordons maintenant l'extension de l'exclusion mutuelle des contraires directs aux contraires indirects.

4. Le *Phédon* étend l'exclusion mutuelle des contraires directs aux contraires indirects

Le *Phédon* ira plus loin dans l'analyse des exclusions entre les Formes puisqu'il étendra ce principe de l'exclusion des contraires directs aux contraires indirects. « Quand il s'applique aux Formes, le principe d'exclusion des contraires vaut pour les contraires directs et indirects »[58]. La vie et la mort dans le *Phédon*, comme le mouvement et le repos dans le *Sophiste*, sont des contraires directs. Ces formes ou ces genres directement contraires ne peuvent s'entrelacer ou être mis en relation. Aucune « communauté » (*koinônia*) entre les contraires n'est possible. L'un « ne peut recevoir » l'autre du fait qu'il s'oppose directement à l'autre et l'exclut. Les exemples de contraires indirects qui s'excluent sont ceux, quant à eux, de la neige et du feu (103 c-104 e). La neige qui n'a pas de contraire direct participe du froid qui, lui, possède un contraire direct, le chaud, et l'exclut. La neige possède ainsi un contraire indirect (le chaud) qu'elle exclut également. En termes propres au vocabulaire de la participation, la neige « ne peut recevoir » ce contraire indirect qu'est le chaud. Il en est de même, on l'a vu,

---

[58] M. Dixsaut, *Platon, Phédon, op. cit.*, p. 154.

pour l'âme qui possède un contraire indirect (la mort) qu'elle exclut. À la règle d'exclusion logique des contraires directs, le *Phédon* ajoute celle des contraires indirects que le *Sophiste* ne semble pas avoir évoquée.

L'exemple sensible et physique de la neige, induisant un rapport au froid et excluant tout rapport au chaud, sera suivi par un exemple mathématique, celui du nombre (103 e-105 b). À l'instar de la neige, le nombre n'a pas de contraire direct. Mais tout nombre entier est soit pair, soit impair. Le nombre a donc un contraire indirect qu'il exclut. Le deux par exemple ne deviendra jamais impair, car le deux participe à la parité ou reçoit la parité qui s'oppose à l'imparité, son contraire direct. Donc, le deux, ou la Forme du deux, ne peut recevoir l'imparité qui est son contraire indirect.

5. Le *Phédon* envisage la règle d'inclusion ou d'inférence permettant de relier les formes entre elles

Après avoir fait état de la règle d'exclusion des contraires directs mise en œuvre dans le *Phédon* et qui se retrouve dans le *Sophiste*, et que le *Phédon* étend à ce qui a été appelé les contraires indirects, essayons de voir ce qu'il en est, dans le *Phédon*, de la règle d'inclusion pouvant cette fois-ci mettre en relation ou relier les formes entre elles. Cette règle d'inclusion, et non d'exclusion, des formes entre elles, assure, quant à elle, la participation horizontale des formes. Cette règle d'inclusion, qui est en fait une règle d'inférence logique, est la condition *sine qua non* de la règle d'exclusion des formes entre elles précédemment évoquée. En effet, afin d'en arriver à soutenir que la Forme du deux exclut son contraire indirect qu'est l'imparité, il faut *au préalable* avoir noté l'inclusion de la forme du deux dans la parité[59]. Le deux ou la Forme du deux

---

[59] La règle d'exclusion des formes ne peut finalement pas être comprise sans avoir, précédemment et préalablement, mis en œuvre la règle

« participe » donc à la parité (*avant* de s'opposer indirectement à l'imparité), car étant « incluse » dans la parité au même titre que la Forme du quatre, du six ou du huit.

Dans ce type de participation, le deux « reçoit » ou « possède » la parité, car il n'y a pas de contrariété opposant et excluant la Forme du deux et la parité, mais fait état d'une altérité ou d'une différence incluant le deux *dans* la parité. C'est parce que la parité a une extension plus large qu'elle peut inclure la Forme du deux. Étant donné que la parité n'est pas le contraire du deux, étant donné qu'elle lui est différente ou tout simplement autre, sans lui être opposée, le deux est en mesure de participer à la parité. Le fait de ranger le deux et la parité dans le genre de la différence/altérité, et non dans celui de l'opposition/la contrariété, autorise l'entrelacement de ces deux termes et annonce implicitement ce que le *Sophiste* affirmera explicitement en 257 b-c.

En 257 b-c, le *Sophiste* distingue, je le rappelle, entre altérité et contrariété, l'altérité autorisant l'entrelacement réciproque des formes, alors que la contrariété les exclut. C'est exactement ce que le *Phédon* laisse entendre à travers les exemples qu'il vient de donner. La relation d'inclusion ou d'inférence logique d'une forme dans l'autre, comme par exemple la « présence » ou la « participation » de la maladie à la fièvre, de la chaleur au feu, du froid à la neige, suppose une implication logique de l'un dans l'autre manifestée sur le plan physique. Cette implication logique de l'un dans l'autre suppose une relation de cause à effet. C'est en effet la fièvre qui « produit » (*poiei*) la maladie, c'est le feu qui « produit » (*poiei*) du chaud, c'est-à-dire qui est la cause de l'effet chaleur. Il existe donc un lien de nécessité entre la cause et son effet, et dans toutes les relations d'inférences et d'inclusions que nous venons de décrire. Ces

---

d'inclusion. La « négation de toute participation » ne peut exister, ou être comprise, que si l'on pose *au préalable* la notion de « participation ».

relations nécessaires trouvent finalement leur fondement dans des implications immuables et éternelles entre les Formes[60].

6. Quel est l'apport du *Phédon* par rapport au *Sophiste*, et du *Sophiste* par rapport au *Phédon*, sur le plan dialectique et sur le plan du langage ?

Bien que n'ayant pas thématisé les relations d'inclusion et d'exclusion entre les formes en énonçant théoriquement, à la manière du *Sophiste,* les règles précises d'entrelacement adéquat et inadéquat entre les formes obtenues à partir de l'étude des cinq genres les plus grands, régis et gérés par la science dialectique permettant ainsi de fonder ontologiquement et logiquement tout discours vrai et correct, le *Phédon* annonce cependant, à travers la multiplicité des exemples qu'il propose tirés du monde physique, mathématique, logique, les règles d'inclusion ou d'exclusion susceptibles d'exister entre les formes. Il étend et élargit, par ailleurs, le principe de l'exclusion des contraires directs (103 c-105 b) aux contraires indirects, une extension et un élargissement qui ne semblent pas apparaître dans le *Sophiste*. Mais, si l'apport du *Phédon* par rapport au *Sophiste* réside dans ce type d'élargissement et d'extension, l'apport du *Sophiste* par rapport au *Phédon* ne réside-t-il pas dans le fait d'avoir réduit le nombre des formes (aux cinq genres) en vue d'envisager leurs relations mutuelles réglées par et travers une science dialectique proposant les critères des bons et des mauvais mélanges ? Quel est l'intérêt d'une telle réduction du nombre des formes et de l'intervention de la dialectique dans ce cadre limité ?

La réponse à cette question pourrait se trouver dans le propos de l'Etranger du *Sophiste*, en 256 e 5-7, qui affirme que, pour toutes les formes, l'être est « multiple » et le non-être « infini (*apeiron*) en pluralité ». Il faut rappeler ici que, pour

---

[60] Voir, à ce sujet, l'étude de G. Vlastos, « Reasons and causes in the Phaedo », *Philosophical Review*, 78 (1969), p. 320.

Platon, le non-être est envisagé sous la figure de l'autre et de l'altérité. C'est justement parce que le non-être est un non-être relatif (et qu'il ne représente donc pas le non-être absolu du *Poème* de Parménide opposé à l'être) que les relations de participations mutuelles entre les formes sont possibles. Platon, ayant pris conscience, à travers les exemples donnés dans le *Phédon*, et ailleurs dans ses dialogues, du caractère « infini » ou « indéfini » des relations possibles entre les formes rendues possibles par leur « altérité » et leur « différence », aurait éprouvé le besoin de limiter le nombre des formes susceptibles de s'entrelacer afin de cerner au mieux les relations entre les formes qui sont possibles et celles qui ne le sont pas. C'est en limitant le nombre des formes aux cinq genres les plus grands que sont l'être, le même, l'autre, le repos et le mouvement, qu'il pouvait du coup limiter le nombre de relations et étudier ainsi un nombre déterminé de relations. Ces cinq genres font donc office d'universels uns et paradigmatiques de toutes les formes (qui sont susceptibles d'aller à l'infini) puisque toutes caractérisées par l'altérité, c'est-à-dire par la relation. Les relations pouvant ainsi aller à l'infini, et être indéfinies, risquaient de rendre l'étude et l'analyse de ses relations impossibles. Il faut rappeler que les Grecs éprouvent le besoin de limiter l'illimité, de définir ce qui est indéfini afin de fixer les choses, d'être en mesure d'en parler et de les connaître. La structure pentadique (cinq) proposée dans le *Sophiste* autorisant des relations de participations mutuelles, mais excluant cependant en son sein une relation de participation réciproque entre le mouvement et le repos, sera elle-même ramenée à une structure triadique plus réduite qui est celle de l'être, du même et de l'autre offrant une circularité et une réciprocité parfaites et équilibrées entre ces trois genres limités [61] et résumant à eux seuls toutes les relations de réciprocités possibles entre les formes.

---

[61] Voir, à ce sujet, M. Fattal, *Le Langage chez Platon. Autour du* Sophiste, *op. cit.*

Une telle réduction des formes infinies (caractérisées par l'altérité) aux cinq genres les plus grands et les plus puissants (parce que dotés d'une « puissance de communication »[62]), et à celles encore plus réduites de la triade de l'être, du même et de l'autre, devrait permettre de rendre compte, plus efficacement et d'une manière plus précise, des relations multiples qui existent entre les choses dans la réalité, et des relations multiples entre les noms et les verbes dans le discours, sans pour autant sombrer dans l'infini et l'indéfini. La dialectique offre un cadre scientifique efficace permettant de régler au mieux ces relations multiples, et « va [ainsi] servir de garde-fou pour empêcher que les communications entre les idées soient anarchiques ou quelconques »[63].

Conclusion

Un certain nombre de résultats intéressants peuvent être notés au terme de la présente réflexion sur le « bien » comme « lien ». Si le *Phédon* semble consacrer le *chôrismos* du sensible et de l'intelligible, du corps et de l'âme, et développer pour la première fois en Occident une méta-physique situant l'intelligible au-dessus du sensible, et l'âme au-dessus du corps ; il n'en demeure pas moins que Platon, qui inaugure une telle philosophie de la séparation portant des accents dualistes et reconnaissant les difficultés qu'elle engendre, éprouve aussitôt le besoin de développer ce que j'ai appelé une philosophie de la relation afin de ne pas « couper » le réel en deux et de ne pas « redoubler » inutilement la réalité. Si cette philosophie de la relation semble légitimement développée dans le *Banquet* du fait que ce dialogue porte sur l'amour – désignant par définition la « relation » des êtres entre eux – illustré par la figure mythique de l'*éros*-démon intermédiaire incarnée par le

---

[62] Platon, *Le Sophiste*, 251 e 8 ; 254 c 5 ; 252 d 2-3 ; cf. M. Fattal, *op. cit.*, p. 65.
[63] M. Fattal, *op. cit.*, p. 55.

philo-sophe conduisant les hommes du sensible à l'intelligible et assurant ainsi la synthèse du Tout avec lui-même ; on voit mal comment le *Phédon*, qui porte, quant à lui, sur la mort – renvoyant cette fois-ci à la « séparation » de l'homme avec la vie, et de l'âme avec le corps – est en mesure de développer malgré tout une telle philosophie de la relation.

Cette fois-ci, avec le *Phédon*, ce n'est plus la position médiane et centrale du philosophe qui se propose de « lier ensemble » (*sundein*) le Tout avec lui-même ; mais c'est la Forme séparée du « bien », nous dit Platon, qui va être en mesure de « lier ensemble » (Platon utilise ici le même verbe *sundein* qu'on trouve dans le *Banquet*) et « tenir ensemble » (*sunechein*), supporter ou soutenir le Tout d'une manière nécessaire ou obligatoire (*deon*). Ce « bien » va disposer les choses pour le mieux parce qu'il est en mesure de les relier, non selon le hasard des combinaisons matérielles et mécaniques, mais selon un ordre intelligible rendant raison de l'existence et de l'intelligibilité des choses sensibles. Le « bien » est « lien » au même titre que toute Forme, mais ne possède pas encore sa suréminence sur les autres Formes qui ne sera vraiment posée et affirmée que dans la *République*. Le bien en soi du *Phédon*, de par son caractère suffisant (*hikanon*) et exigeant, c'est-à-dire de par son caractère autarcique, annonce par ailleurs le bien pour nous (relatif) du *Philèbe* exprimant son autarcie à travers la perfection et la suffisance. Bien qu'il annonce cette suffisance du bien du *Philèbe*, le bien en soi du *Phédon*, du fait qu'il n'est pas le bien pratique ou le bien relatif des hommes, ne peut non plus être vraiment identifiable au bien du *Philèbe*. Dans de telles conditions, le bien du *Phédon* serait situé entre le Bien absolu de la *République* surpassant toute essence et placé aux confins ou au sommet des Idées qu'il domine du haut de sa suréminence, et le bien pratique ou relatif du *Philèbe*, qui se manifesterait à travers les aspects concrets de la beauté, de la mesure, de la proportion et de la vérité.

Le caractère nécessairement « liant » et fondateur du bien du *Phédon* est le propre de toute Forme paradigmatique conçue comme cause exemplaire de toute chose sensible. La chose sensible ainsi envisagée comme l'effet d'une cause intelligible qui l'a produite ou qui l'a engendrée à son image se trouve nécessairement reliée à son modèle. Le « lien » du « bien » et de toute Forme se manifeste donc dans une relation de nécessité liant la cause à son effet, le modèle à son image. Il est intéressant de noter ici que l'action « liante » vient d'en haut, s'oriente du haut vers le bas, de l'intelligible vers le sensible, au lieu de s'orienter, comme cela avait été le cas dans le *Banquet*, du bas vers le haut. En effet, dans le *Banquet*, le philosophe est cet *éros* dynamique ou ce *poros* (chemin) conduisant les hommes du sensible à l'intelligible. Le « bien » du *Phédon* exerce en revanche son « joug » ou sa « puissance » (*dunamis*) – comme cause en soi (séparée) – de l'intelligible en direction du sensible qu'il fonde, structure, et organise d'une manière plus efficace que l'Atlas idéalisé des physiciens censé « lier ensemble » et « tenir ensemble » l'univers selon le principe du meilleur.

Le lien et la relation verticale, exercés à partir des Formes en général, et du bien en particulier, s'accompagnent d'un « lien » de participation au travers duquel l'acte de « participer » (*metechein*) rend compte de la « présence » de la Forme dans la chose sensible qui « partage » nécessairement quelque chose de commun (*koinônia*) avec la Forme qui l'a engendrée et à laquelle elle est reliée. « Présence », « communauté », « advenir » sont les modalités encore indécises et imprécises de la participation telle qu'elle tente de s'instaurer dans le *Phédon*, une participation qui sera ultérieurement thématisée et précisée dans les dialogues de la *République*, du *Parménide* ou du *Sophiste* à travers l'usage technique et philosophique du substantif de *methexis* que Platon forgera.

Le « Lien » venant d'en haut, le « lien » venant de la « puissance » du bien et de la Forme, ainsi que le « lien » de participation rendant compte, sous les modalités de la présence, de la communauté et de l'advenir (ou de l'ajout) des relations établies entre les Formes intelligibles et les choses sensibles, tels sont les « liens » multiples exprimés par une philosophie de la relation qui a pris conscience du paradoxe d'un réel constitué de deux niveaux différents qu'il faut bien relier/suturer avec lui-même. Le *sundein* et le *sunechein* du bien du *Phédon* sont là pour « lier ensemble » et « tenir ensemble » le Tout ou l'univers d'une manière nécessaire et d'une manière plus efficace que l'Atlas idéalisé des physiciens. La séparation de la Forme du bien par rapport aux choses sensibles lui confère paradoxalement et nécessairement cette « puissance » d'engendrement et de liaison des choses en vue de les fonder et de les structurer (ordonner).

Le *Phédon* ira jusqu'à fonder, à partir des Formes, et de l'idée de bien, tout rapport de dénomination des choses. Ce rapport de dénomination des choses, réalisé à partir de l'existence des Formes, est envisagé au travers de la participation verticale des choses sensibles aux Formes. C'est parce que la chose sensible est déficiente par rapport à la Forme autarcique dont elle dépend ontologiquement qu'elle est en mesure de « recevoir » ou de « posséder » un nom. Le langage, dont la dénomination fait partie, trouve donc son fondement dans la théorie des Formes. Ainsi, le « lien » entre la Forme et la chose est clairement établi à travers la dénomination. La Forme dénomme la chose sensible et la rend intelligible. La relation de participation verticale jouerait donc un rôle important en vue d'ordonner le réel, de « lier » les choses, c'est-à-dire de les rendre intelligibles, et de fonder par la suite, dans le *Sophiste*, le discours complexe supposant l'entrelacement de noms et de verbes, et la participation horizontale des genres entre eux.

L'intérêt du *Phédon* résiderait aussi dans le fait d'annoncer implicitement, à travers les exemples multiples qu'il fournit, ces relations mutuelles entre les idées ou plus exactement les relations d'inclusion et d'exclusion entre les formes, rendant possible l'existence de tout discours en général, et de tout discours correct en particulier, telles qu'elles seront énoncées d'une manière théorique dans le *Sophiste*. Les différences entre le *Phédon* et le *Sophiste* sont certes notables, mais il est intéressant de voir en quoi et comment le *Phédon* fait état d'une réflexion sur la dénomination qui se trouvera prolongée dans le *Cratyle* et jette ainsi les bases d'une réflexion spécifique sur l'entrelacement adéquat et inadéquat, légitime et illégitime, entre les formes, telle qu'elle sera précisée et thématisée dans le *Sophiste*. Le « bien » du *Phédon* exercerait, au même titre que chacune des Formes intelligibles, sa « puissance de relation et de lien » dans et à travers les relations de participation horizontale entre les formes qu'il fonderait.

Parallèlement à cette « puissance de liaison » qu'est le « bien », Platon avait besoin d'exprimer à travers le verbe « participer » ou « l'acte de participer » (*methechein*) les relations de participations verticales entre les Formes et les choses sensibles. Cette relation de participation verticale, qui est première, fonderait et déterminerait nécessairement la relation de participation horizontale des formes entre elles. Les règles d'entrelacement adéquat (légitime) ou inadéquat (illégitime), les règles d'inclusion ou d'exclusion logique des formes entre elles manifestées au sein des choses physiques ou des objets mathématiques trouvent finalement leur fondement dans la relation de participation verticale exprimée à travers certaines modalités statique et dynamique (présence, communauté, advenir) encore indécises et indéterminées qui annoncent ce que sera dans les dialogues ultérieurs la notion élaborée de « participation » (*methexis*). Tout cela permet de vérifier et d'illustrer la thèse selon laquelle la philosophie de la séparation (*chôrismos*) – qui, à travers la critique opérée par Aristote, et prolongée par l'approche dualiste qui en sera faite par les commentateurs, fera la notoriété de Platon à travers l'histoire de la métaphysique occidentale – s'accompagne *nécessairement* du développement d'une philosophie de la relation tout aussi importante et tout aussi incontournable, une philosophie de la relation qui n'a pas été suffisamment notée par les commentateurs et qui trouverait finalement son origine première dans les formes séparées elles-mêmes, et dans la forme du « bien » comme « lien ».

Au terme de cette analyse du « bien » dans le *Phédon*, il est légitime de s'interroger maintenant sur la notion de « crise » qui, elle aussi, entretient des rapports étroits et privilégiés avec cette double activité de « séparation » et de « liaison ». Qu'en est-il exactement de la « crise » des origines mise en œuvre dans le *Poème* de Parménide et dans la *Première lettre aux Corinthiens* rédigée par Paul de Tarse ? Et quelle est la portée philosophique et pratique (éthique) d'une telle réflexion sur la « crise » des origines pour l'homme d'aujourd'hui ?

Aux origines de la crise :
Parménide d'Elée et Paul de Tarse

C'est à partir de la « raison (*logos*) critique » telle qu'elle a été élaborée pour la première fois dans l'Antiquité philosophique par Parménide d'Elée, et c'est à partir de ce qu'on pourrait appeler le « *logos* pneumatique et apostolique » (tout aussi critique) tel qu'il a été mis en place par l'apôtre Paul de Tarse qu'il s'agira, en un premier temps, de montrer comment chacun de ces deux types de *logos* critique, qu'il soit païen ou chrétien, philosophique ou religieux, est en mesure de provoquer à sa manière une crise susceptible de déstabiliser les valeurs et l'ordre mondain de leurs époques et de leurs traditions respectives.

En un deuxième temps, il s'agira de voir en quoi et comment le *logos* critique du philosophe, Parménide d'Elée, et de l'apôtre, Paul de Tarse, peut nous aider à comprendre la crise au sens contemporain du terme, et à envisager à cette occasion une critique possible de la crise. Cette mise en perspective de la crise contemporaine à partir de l'Antiquité païenne et chrétienne devrait permettre d'apporter un éclairage sur l'homme d'aujourd'hui en vue de l'aider à surmonter la crise intérieure et extérieure qu'il peut vivre et qui ne cesse de le déstabiliser[64]. Commençons par Parménide d'Elée.

---

[64] Au sujet de la crise, voir les études récentes publiées sous la direction de A.M. Mazzanti (ed.), *Crisi e rinnovamento tra mondo classico e cristianesimo antico*, Bologna, Bononia University Press, 2015.

Parménide et son *Poème*

I. Sur la crise chez Parménide : le *logos* critique et décisif du philosophe opposé aux opinions acritiques (indécises) du commun des mortels

C'est dans son *Poème* où il raconte, d'une manière allégorique et poétique propre à l'époque archaïque, la rencontre d'une déesse et de son disciple que Parménide est censé indiquer le chemin que tout philosophe doit emprunter. Parménide se servirait donc du langage traditionnel qu'il a à sa disposition pour faire passer des idées nouvelles, celle de l'être et de la vérité, celle de l'identité de l'être et de la vérité. Ainsi, pour la première fois dans l'histoire de la pensée occidentale, Parménide, père de la philosophie selon Platon, décide de spécialiser le *logos* dans le sens d'un discours véridique et véritatif exprimant « l'être » opposé au discours trompeur du « non-être »[65].

En effet, la déesse du *Poème* de Parménide reçoit son disciple pour lui enseigner la vérité. Dans de telles conditions, on peut déjà dire que *thea* est *alêtheia,* la déesse est vérité[66]. Elle représente l'autorité suprême ou une maîtresse de vérité[67] indiquant la voie que le disciple devra suivre et qui est celle de tout philosophe. Le discours de celle-ci « est digne de foi » (*piston logon*) et sa « pensée cerne la vérité » (*noêma amphis*

---

[65] Voir, à ce sujet, M. Fattal, Logos, *pensée et vérité dans la philosophie grecque*, Paris, L'Harmattan, « Ouverture Philosophique », 2001 ; trad. it. *Ricerche sul logos. Da Omero a Plotino*, Milano, Vita e Pensiero, « Temi metafisici e problemi del pensiero antico, 99 », 2005.

[66] Cf. à ce sujet M. Heidegger, *Essais et Conférences*, Paris, Gallimard, 1958, p. 300.

[67] Cf. M. Détienne, *Les Maîtres de vérité dans la Grèce ancienne*, Paris, Maspero, 1967.

alêtheiês) (8 Fr, 50-51)[68]. Ce discours de vérité, qui constitue la première partie du *Poème*, est un discours sur l'être. En d'autres termes, la seule voie que le disciple devra suivre est la « voie de la vérité » opposée à la « voie de l'opinion », et cette « voie de la vérité » n'est rien d'autre que celle qui affirme que l'être est et que le non-être n'est pas. L'être est et ne peut pas ne pas être, et le non-être n'est pas et ne peut pas être. On voit ici Parménide mettre en œuvre le principe logique de l'identité ou de la non-contradiction en vue d'asseoir son affirmation ontologique. Bien avant Aristote, Parménide d'Elée fonderait ainsi une ontologie que le Stagirite ne manquera pas de développer à sa manière, et énoncerait en même temps le principe logique de la non-contradiction indispensable à tout discours philosophique cohérent.

Face à ce *logos* ontologique et logique qui est valorisé et qui est le sien, la déesse usera d'un discours péjoratif et négatif représenté par le terme d'*epos* pour traduire la pensée des mortels : « apprends donc, dit-elle, à partir d'ici, ce qu'ont en vue les mortels, en écoutant l'ordre trompeur de mes dires » (*kosmon emôn epeôn apatêlon akouôn*, 8 Fr, 52). Si, à la différence du philosophe, les mortels vivent dans l'erreur, c'est parce qu'ils « ne savent rien », ont l'« esprit errant », « sourds et aveugles », « foules indécises » (*akrita phula*) (6 Fr, 7), ils confondent l'être et le non-être, le même et le non-même. Ils ne savent pas que la seule voie à suivre est celle de l'être excluant toute forme de non-être. Ils ne peuvent donc emprunter la voie de la vérité, mais cheminent plutôt sur la voie de l'opinion qui est erronée. Ces foules sont dites *akrita*, indécises, puisqu'elles sont incapables de « discerner » l'être du non-être, d'user de leur « raison » en vue de « séparer » logiquement, à partir du principe de la non-contradiction, l'être du non-être. Notons au passage que la notion de *krisis* dont les mortels sont privés,

---

[68] La numérotation des fragments, rapportée à l'édition de H. Diels, W. Kranz, *Die Fragmente der Vorsokratiker*, 12ᵉ éd., Berlin, 1966, sera désormais citée de la manière suivante : Fr.

avant de désigner le « jugement », signifie originellement la « séparation ».

Si la foule est indécise, si elle est incapable de « juger » par sa raison, c'est parce qu'elle est inapte à « séparer » l'être du non-être, le vrai du faux[69]. Cette absence de jugement chez les mortels est solidaire d'une absence de raison, car c'est la « raison discriminante », celle dont le philosophe est doué, qui est en mesure de « séparer » le vrai du faux, en vue de « choisir » rationnellement le vrai contre le faux. Le jugement discriminant du philosophe, usant correctement du principe logique de l'identité, conduit à une « décision » (*krisis*), à un choix unique qui est celui de l'être ; ce que la foule indécise est incapable de mettre en œuvre puisqu'elle est sourde, aveugle, errante. La seule et unique occurrence du substantif *krisis* qu'on rencontre au fragment 8, 15 désignera en effet la « décision » qui est prise face à une alternative, c'est-à-dire qu'il renvoie au « choix » qui doit être fait entre deux voies opposées, celle de l'être et celle du non-être. Voilà ce que dit exactement le fragment 8, 15-18 à ce sujet : « La décision (*krisis*) à l'égard de tout cela porte sur 'est' ou 'n'est pas' (*estin ê ouk estin*). Or, déjà a été décidé (*kekritai*), comme c'est

---

[69] Pour P. Chantraine, *Dictionnaire Etymologique de la langue grecque*, Paris, Klincksieck, p. 585, nouvelle édition 2009, p. 562, le présent *krinô* repose en effet sur la racine *krin-y e/o* qui signifie « séparer ». Le « sens de 'juger', ajoute-t-il, est une autre spécialisation qui a tenu une place importante en grec ». Pour A. Bailly, *Dictionnaire Grec-Français*, Paris, Hachette, 1950, p. 1137, « *krinô* a le sens premier de I. 1) séparer (*IL* 5, 501 ; 2, 362) ; 2), distinguer les bons des méchants (Xéno. *Mémo.* 3,1 , 9), ce qui est vrai de ce qui ne l'est pas (Plat. *Théétète*, 150 b) : choisir (Hdt. 6, 129), choisir quelqu'un de préférence (Plat. *Rép.* 399 e) ; II. 1), décider, trancher (Od. 18, 264), juger un procès (*Rép.* 360 c) ; 2), décider, résoudre, expliquer, interpréter (Hdt. 1, 120) ; 3) juger, estimer, apprécier (Platon, *Gorg.* 452 c). Dans le sens médical : juger, faire entrer dans la phase décisive ou critique (HPC. *Aph.* 1253) jusqu'à ce que la maladie soit jugée, jusqu'au moment de la crise. Le verbe *krinô* a donné le substantif *krisis* qui désigne l'action de distinguer, choisir, séparer, trier, etc… ».

nécessaire, de laisser de côté l'une des voies, impensable (*anoêton*), innommable (*anônumon*), car ce n'est pas une vraie voie ». La voie du « n'est pas » est impensable et innommable, car on ne peut se référer par la pensée et par le discours au non-être absolu, au rien, au néant. La pensée et le discours portent nécessairement sur un objet qui est l'être. La seule voie possible est celle du « est », celle qui nécessite le discours et la pensée. Parménide dira en effet au fragment 6, 1 qu'il est « nécessaire de dire (*legein*) et de penser *(noein)* que l'être est ».

Contrairement à ces mortels qui suivent un sentier qui est labyrinthe, la déesse affirme au fragment suivant qu'on « ne contraindra jamais le non-être à être » (7 Fr, 1-2)[70]. S'adressant au disciple, elle lui propose d'écarter sa pensée de cette voie de recherche que la foule a le tort d'emprunter : « que l'habitude à la riche expérience, dit-elle, ne t'amène à mettre en œuvre seulement un œil qui n'a pas d'objet et une oreille pleine de bruit et une langue (*glôssa*), mais par le *logos* décide/juge (*krinai logô*) de la réfutation polémique que j'ai énoncée » (7 Fr, 3-6).

Si la foule ou les mortels sont dans la confusion et l'erreur, c'est parce qu'ils font un mauvais usage de leurs facultés sensibles et intellectuelles. Il est en d'autres termes vivement déconseillé de faire un mauvais usage des organes corporels et d'user d'une langue (*glôssa*) bavarde qui est sans contenu et sans signification. La langue bavarde des mortels est vide, creuse et sans contenu, car, sous la contrainte de l'habitude et de la coutume, elle est incapable de dire l'être ou de dire quelque chose de sensé. Elle parle pour ne rien dire. Le *logos*, quant à lui, est plein de sens, il a pour objet l'être. Il n'est en aucune manière soumis à la contrainte des habitudes, des coutumes, c'est-à-dire qu'il n'est en aucune manière dépendant des préjugés individuels et collectifs d'une société. La raison du philosophe est « critique » par rapport à toute forme d'opinion. Face à la force de l'habitude et des préjugés qui commande la langue (*glôssa*) vide et creuse des mortels et de la foule, la

---

[70] Voir également le 2 Fr, 3-5 et le 6 Fr, 1-2.

déesse oppose, dans ce fragment 7 qui est décisif, la force du *logos*, la force de la raison autonome du philosophe qui est en mesure de « juger » adéquatement, c'est-à-dire de « séparer » logiquement l'être du non-être, le vrai du faux.

L'utilisation d'un tel *logos* critique prend la forme d'un impératif et d'une injonction : « décide ou juge par la raison » (*krinai logô*), recommande-t-elle avec fermeté et insistance. Dans de telles conditions, on peut dire que l'opposition entre le *logos* et la *glôssa*, qui reproduit l'opposition du *logos* et de l'*epos* signalée plus haut, s'accompagne manifestement d'une confrontation entre deux figures, celle des foules (le commun des mortels) dites « indécises », dénuées de jugement (*akrita*), et celle du disciple (du philosophe) qui « décide » et « juge » (*krinei*) par et grâce à la « raison » (*logos*).

II. Parménide détermine le destin de l'Occident en accordant pour la première fois à son *logos* une fonction véritative et surtout critique

Si Parménide est le premier qui décide de valoriser le *logos* en tant que discours de vérité par opposition au discours faux et trompeur de l'*epos*, vide et creux de la *glôssa* ; il est également le premier à attribuer au *logos* la faculté de « séparer », de « juger » et de « décider », c'est-à-dire de « choisir ». Cette « raison » capable de « discriminer » et de « décider » est du coup une « raison critique » qui est en mesure de prendre ses distances par rapport aux opinions ou aux préjugés individuels et collectifs, d'instaurer ainsi une crise aux sein des valeurs conventionnelles du commun des mortels en vue d'affirmer la seule et unique vérité qui vaut la peine d'être affirmée et qui est celle de l'être. C'est en cela, je pense, que Parménide a déterminé le destin de l'Occident. C'est non seulement dans le fait d'attribuer au *logos* le pouvoir de dire la vérité ; mais également et surtout dans le fait de lui conférer le pouvoir rationnel de « séparer » l'être du non-être, d'opérer un

« jugement critique » lui permettant ainsi d'accéder à la vérité. Le *logos* critique du philosophe – qui déstabilise la vision traditionnelle du commun des mortels, et remet en cause les opinions de la foule à la parole trompeuse et erronée, et à la langue creuse et vide de ceux qui sont installés dans leurs mauvaises habitudes et leurs préjugés – symbolise désormais l'instrument par excellence du penseur qui n'hésite pas à « rompre l'équilibre mondain » des hommes en vue de provoquer une « crise salutaire » permettant d'entraîner un changement radical de vision et de vie.

L'injonction de la déesse, *krinai logô*, « décide » ou « juge par la raison » (7 Fr, 5) est donc une invitation à la conversion philosophique, c'est-à-dire qu'elle invite les hommes à user de ce qui les définit en propre, à savoir la raison, une raison qui se doit d'être « critique ». Cette raison dite « critique » est « décisive » puisqu'elle est en mesure de transformer radicalement, à la suite de la « crise salutaire » qu'elle est censée engendrer, la vision étriquée et limitée que les hommes avaient l'habitude de mettre en œuvre jusqu'à présent.

La « crise positive », ainsi provoquée par le *krinai logô* du fragment 7,5, s'appuie donc sur une série de « séparations » et d'« oppositions » résultant d'une décision et d'un choix rationnel. Il s'agira désormais de « décider » en faveur de l'être contre le non-être, du vrai contre le faux, de la première partie du *Poème* consacrée à « la voie de la vérité (*alêtheia*) » contre la deuxième partie dédiée à « la voie de l'opinion (*doxa*) », de la réalité contre l'apparence, de l'un contre le multiple, de l'être contre le devenir, du stable contre l'instable, de la parole signifiante et ontologique contre le bavardage creux, vide et mouvant. Ces catégories ou ces oppositions, dans lesquelles le « *logos* critique » de Parménide nous installe, sont d'autant plus décisives qu'elles seront celles qu'empruntera la métaphysique grecque classique principalement représentée par Platon et Aristote. En accord avec les philologues, M. Heidegger ne dira-t-il pas que « dans la signification du *krinein* il faut entendre en même temps : élection, distinction, la norme qui détermine une hiérarchie »[71] ? Le *logos* critique de Parménide, qui deviendra celui de la métaphysique grecque classique, ne cessera de déterminer effectivement la norme ou le critère permettant d'établir des hiérarchies ontologiques et gnoséologiques au sein des oppositions qui viennent d'être signalées et déclinées.

III. En quoi la crise ou la fonction critique du *logos* est-elle décisive et salutaire ?

Avant d'en arriver à déterminer la norme et le critère qui permettront également au *logos* pneumatique et critique de Paul de Tarse d'établir des hiérarchies au niveau des valeurs éthiques et spirituelles, il faut noter que le *krinai logô* du fragment 7, 5 possède une teneur critique extrêmement éloquente et significative pour l'homme d'aujourd'hui puisque la déesse, maîtresse de vérité et autorité suprême, s'adressant au disciple qu'elle est censée guider et enseigner, voire former, lui recommande non seulement de critiquer les opinions et les jugements erronés des mortels, mais d'user de sa propre « raison critique » pour être en mesure de « juger », d'« apprécier », d'« examiner » personnellement la réfutation du non-être telle qu'elle a été énoncée par la déesse elle-même. « Juge, dit-elle en effet, par la raison la réfutation polémique que j'ai énoncée » (*krinai de logô poludêrin elegchon ex emethen rhêthenta*) (7 Fr, 5-6). Une telle invitation à critiquer l'autorité suprême, censée symboliser la vérité, est sans précédent dans l'histoire de la pensée occidentale. Je veux dire que cette invitation à une remise en cause critique de l'autorité advient très tôt en Occident, et que c'est avec Parménide d'Elée qu'elle est inaugurée et thématisée d'une manière très explicite.

---

[71] M. Heidegger, *Introduction à la Métaphysique*, Paris, Gallimard, p. 178-179.

Critique des préjugés individuels et collectifs, critique de l'autorité censée représenter l'autorité par excellence et la vérité, telles sont les critiques pratiquées par le philosophe dans son cheminement rationnel vers la vérité. Une telle « méthode » (ce terme contient le mot de *hodos*, de chemin) est donc celle d'une « raison » qui ne recule en rien face à sa quête de la sagesse et de la vérité, une « raison » qui va jusqu'à « rompre les équilibres » établis par les hommes et par certaines autorités. Au regard du philosophe, le *logos* critique qui est censé le caractériser en propre se donne le droit de provoquer des crises au sein des repères et des critères humains. Ces crises déstabilisantes réalisées à partir de la raison critique ne peuvent qu'être salutaires aux yeux du philosophe désirant se perfectionner intellectuellement et actualiser ce qu'il y a de meilleur en lui, à savoir la pensée.

Venons-en maintenant à la *Première Lettre aux Corinthiens* dans laquelle Paul de Tarse rend compte de la crise (comprise au sens négatif) que l'Église de Corinthe traverse, et pour laquelle il propose, à travers son *logos* pneumatique et apostolique, tout aussi critique que celui de Parménide, une solution aux problèmes rencontrés par la jeune communauté chrétienne qu'il a fondée. La portée critique de son *logos* n'est ni d'ordre philosophique, ni d'ordre logique ou ontologique, mais d'ordre pratique, éthique et ecclésial.

À travers ce développement consacré au *logos* de Paul de Tarse, il s'agira non seulement de montrer comment l'apôtre est confronté à la négativité d'une crise ecclésiale, sociale, religieuse et spirituelle dramatiquement vécue par la communauté chrétienne de Corinthe complètement déstabilisée dans ses repères proprement chrétiens ; mais de montrer également et surtout comment son *logos* critique provoque, à son tour, une crise salutaire et positive au sein de la communauté de Corinthe permettant ainsi de résoudre les problèmes et les difficultés qu'elle rencontre. Nous avons donc ici deux types de crises : une crise négative vécue par la communauté de Corinthe déboussolée dans ses repères chrétiens, et une crise positive provoquée par le *logos* pneumatique et critique de Paul visant à résoudre les difficultés rencontrées par ces premiers chrétiens. En mettant ainsi en perspective les deux types de crises, l'une constatée par lui (la crise négative) et l'autre provoquée par lui (la crise positive), j'essayerai de montrer comment Paul est en mesure d'offrir aux Corinthiens d'hier et aux hommes d'aujourd'hui une véritable « critique de la crise » susceptible de les aider à mieux comprendre leur temps et à surmonter leur désarroi. Là aussi, à l'instar de Parménide d'Elée, bien que d'une manière différente, le *logos* pneumatique et critique de l'apôtre nous propose la voie sur laquelle il nous faut cheminer en vue de retrouver notre unité en Jésus-Christ et au sein de la communauté chrétienne qui ne devrait en aucun cas connaître de division.

Paul de Tarse et la *Première Lettre aux Corinthiens*[72]

I. La crise négative vécue au sein de la communauté de Corinthe et sa solution paulinienne

Cette lettre rédigée par Paul, à Éphèse, aux environs de 56 après J.-C., soit quelques années après son annonce de l'Évangile à Corinthe (de 50 à 52 après J.-C.), est donc censée répondre à la crise profonde que la jeune Eglise de Corinthe connaît à cause des nombreuses querelles et divisions qui l'animent et la déstabilisent. Si l'Église de Corinthe est en train de se diviser, c'est notamment à cause de l'arrivée à Corinthe de différents prédicateurs ou missionnaires. De telles divisions risquaient de transformer la nouvelle Église en secte ou en école de sagesse. Aux querelles partisanes entre Corinthiens, que Paul veut résoudre en faisant régner la paix et l'unité au sein de la communauté[73], viennent s'ajouter les questions que

---

[72] Le développement qui va suivre s'inspire de M. Fattal, *Paul de Tarse et le logos. Commentaire philosophique de* 1 Corinthiens, 1, 17-2, 16, Paris, L'Harmattan, « Ouverture Philosophique », 2014.

[73] Voir plus précisément 1 Co 1, 10-3, 23 et 1 Co 12 et 13 où l'événement décisif de la croix et où les dons de l'Esprit, la métaphore du corps, l'amour, sont censés apporter une solution aux divisions des Corinthiens en vue d'assurer l'unité de la communauté chrétienne. Sur la métaphore du corps, sur la diversité des membres de ce corps constituant la communauté/l'Église et sur l'importance de ce qui les rassemble (en vue d'assurer définitivement l'unité de cette dernière), voir précisément 1 Co 12, 4-31. Voir également, dans la suite de cet important chapitre 12, le célèbre chapitre 13 (hymne à l'amour) qui met l'accent sur l'amour fraternel et qui représente, aux yeux de Paul, « la

les Corinthiens se posent eux-mêmes face aux pratiques païennes de leur temps qui ne manquent pas de les désorienter en tant que chrétiens et de provoquer en eux une forme d'instabilité. Quel est le statut du corps et de la sexualité ? Faut-il pratiquer une sexualité débridée ? Doit-on à l'inverse mépriser le corps et s'abstenir de tout rapport sexuel ? Voilà certaines des questions posées par les Corinthiens qui subissent apparemment l'influence de diverses tendances religieuses païennes adoptant des attitudes extrêmes face au corps. Dans de telles conditions, Paul ne manquera pas de condamner les procès entre chrétiens qui comparaissent devant les tribunaux païens (chap. 6, 1-11), de donner son avis au sujet de la prostitution (chap. 6, 12-20), de l'inceste (chap. 5), du mariage et de la virginité (chap. 7). C'est afin de prémunir les chrétiens de Corinthe contre toute forme de contamination de la vie chrétienne par ces types de pratiques que Paul est également conduit à donner un avis sur la consommation des viandes sacrifiées aux idoles et sur la participation des chrétiens aux repas religieux païens (chap. 8 à

---

voie infiniment supérieure » (1 Co 12, 31) permettant véritablement de relier les uns aux autres les membres de ce corps et d'assurer ainsi leur unité. L'amour fait ainsi partie de ces dons majeurs et supérieurs de l'Esprit de Dieu sans lequel les autres dons sont inutiles et sans lequel l'unité de l'*ekklêsia* est impossible. Dans de telles conditions, les problèmes ecclésiologiques (divisions) trouvent manifestement leur solution dans la christologie (événement de la croix, unité du corps du Christ, amour) et dans la pneumatologie (les dons de l'Esprit). C'est en rappelant aux Corinthiens les fondements christologiques et pneumatologiques de leur foi, et la manière dont ils peuvent et doivent les utiliser, qu'ils seront en mesure de dépasser leurs divisions, et qu'ils seront, comme les apôtres, de véritables serviteurs de l'Évangile (1 Co 3, 5) au sein d'une Église désormais une et unifiée. Sur l'enracinement christologique de l'ecclésiologie, voir J.-N. Aletti, *Essai sur l'ecclésiologie des lettres de saint Paul*, Paris, J. Gabalda, « Études bibliques 60 », 2009, p. 25. Sur le fondement christologique de la pneumatologie de Paul, cf. U. Schnelle, « Le présent du salut, centre de la pensée paulinienne », in A. Dettwiller, J.-D. Kaestli et D. Marguerat (éds), *Paul, une théologie en construction*, Genève, Labor et Fides, 2004, pp. 336-340.

10). Il va jusqu'à proscrire et condamner la pratique de l'ivresse, de l'enthousiasme et du délire de type bachique ou dionysiaque dans la célébration de l'Eucharistie qui était apparemment le fait de certains chrétiens.

En plus de ces mises au point fermes et précises du fondateur de l'Église de Corinthe relatives aux pratiques éthique, liturgique et ecclésiale de la jeune communauté chrétienne séduite par les sectes religieuses païennes, et tentée par les divisions en « partis » ou « coteries » se réclamant d'Apollos, de Paul, de Céphas (Pierre) ou du Christ (chap. 1, 10-16), l'auteur de la lettre est également soucieux de corriger certaines erreurs doctrinales au sujet de la résurrection (chap. 15) et des charismes de l'Esprit dont quelques Corinthiens sont les bénéficiaires (chap. 12 à 14). Il s'opposera au prétendu savoir (*sophia*) théologique de certains. Il « est vraisemblable que le 'parti de Paul' ait pris corps et consistance en réponse » aux attaques de cette élite (1 Co 1, 26) intellectuelle jugeant « l'Évangile annoncé par l'apôtre (comme) trop élémentaire, impropre à satisfaire leurs hautes aspirations »[74]. Enfin, et surtout, il se démarquera des philosophes grecs et des rhéteurs-prédicateurs itinérants qui exercent une influence et une séduction considérables sur les Corinthiens. En critiquant certaines pratiques rhétoriques et philosophiques de son temps, Paul veut insister sur le fait que l'Église ne doit pas être identifiée à une école philosophique et que la foi des Corinthiens ne peut être ancrée dans une sagesse purement humaine, mais doit plutôt trouver son « fondement » (*themelios*) dans la sagesse de Dieu et en Jésus-Christ (1 Co 3, 11). C'est par conséquent par sa volonté de marquer avec force la « spécificité » de la nouvelle foi chrétienne que Paul insiste sur la distance qui la sépare des

---

[74] Ch. Senft, *La Première Épître de saint Paul aux Corinthiens*, Genève, Labor et Fides, 1979 (1ère éd.), 1990, p. 34. Sur les adversaires possibles de Paul, voir M. Fattal, *Paul de Tarse et le* logos. *Commentaire philosophique de* 1 Corinthiens 1, 17-2, 16, *op. cit.*, pp. 117-119.

sagesses païennes et mondaines, et c'est en vue de prévenir les Corinthiens contre un risque d'assimilation et de perte d'identité, qu'il faut situer notre texte de la *Première Lettre aux Corinthiens*.

II. L'anthropologie paulinienne est-elle dualiste ?

Face à ces problèmes rencontrés par les Corinthiens et qui sont manifestement dus à l'acculturation ou à l'insertion de la foi et des premières communautés chrétiennes au sein de la culture païenne dominante dont la lettre de Paul témoigne d'une manière concrète et vivante, il faut ajouter que l'anthropologie paulinienne permet également de rendre compte des difficultés et des divisions vécues entre Corinthiens. C'est parce que les Corinthiens sont des êtres charnels qu'ils se divisent et se querellent. Paul, s'adressant aux chrétiens de Corinthe, ne manquera pas de leur dire en 1 Co 3, 3 : « puisqu'il y a parmi vous jalousie et querelles, n'êtes-vous pas charnels et ne vous conduisez-vous pas de façon tout humaine ? ». Un peu plus haut, en 1 Co 3, 1, l'apôtre rendra compte de son anthropologie en distinguant les hommes spirituels des hommes charnels : « Pour moi, frères, dit-il, je n'ai pu vous parler comme à des hommes spirituels, mais seulement à des hommes charnels, comme à des petits enfants en Christ ». L'homme charnel représenterait l'homme laissé à sa seule nature évoqué un peu plus haut en 1 Co 2, 14, celui qui n'accepte pas ce qui vient de l'Esprit de Dieu. Face aux hommes charnels laissés à leur seule nature qui n'acceptent pas les dons de l'Esprit de Dieu et auxquels Paul ne peut pas parler en termes spirituels, il y a les hommes spirituels réceptifs et ouverts aux dons de la grâce divine. « Pour nous, dira Paul, en 1 Co 2, 12, nous n'avons pas reçu l'esprit du monde, mais l'Esprit qui vient de Dieu, afin que nous connaissions les dons de la grâce de Dieu ».

Les hommes charnels qui se divisent et se querellent, et qui sont à l'origine de la crise profonde qui déstabilise la communauté chrétienne de Corinthe, au lieu d'être réceptifs à l'Esprit de Dieu et aux dons de sa grâce, sont plutôt réceptifs à l'esprit du monde, aux valeurs purement mondaines et humaines. Ils se sont divisés en partis opposés bien qu'il ne leur manque pourtant aucun don de la grâce (1 Co 1, 7) et bien qu'ils partagent en tant que chrétiens le « même esprit et la même pensée » (1 Co 1, 10). L'apôtre, s'adressant directement aux Corinthiens au tout début de sa lettre, leur dira : « Mais je vous exhorte frères au nom de notre Seigneur Jésus-Christ : soyez tous d'accord, et qu'il n'y ait pas de divisions parmi vous ; soyez bien unis dans un même esprit et dans une même pensée. En effet, mes frères, les gens de Chloé m'ont appris qu'il y a des discordes parmi vous. Je m'explique ; chacun de vous parle ainsi : 'Moi j'appartiens à Paul. - Moi à Apollos. – Moi à Céphas. – Moi à Christ.' Le Christ est-il divisé ? » (1 Co 1, 10-13). Les querelles et les partis opposés remettent en cause la cohésion de la communauté ou de l'*ekklèsia*. La situation de l'Église de Corinthe en crise dépend manifestement des hommes qui la constituent. Afin de résoudre ce problème ecclésiologique (divisions) s'expliquant par l'anthropologie, Paul rappelle aux Corinthiens les fondements pneumatologiques (dons de l'Esprit) et christologiques (unité du Christ) de leur foi. La cause de la crise corinthienne est anthropologique, et la solution à cette crise est pneumatique (spirituelle) et christique (le Christ comme fondement)[75].

C'est donc dans la distinction qu'il établit entre hommes charnels et hommes spirituels qu'il est possible d'expliquer les difficultés des Corinthiens et d'y remédier. Ainsi, à l'instar de Parménide qui distinguait le philosophe doué de raison critique de la foule indécise et sans jugement, et à la manière du *Poème*

---

[75] Sur l'amour (*agapê*) comme solution de la crise, voir *supra* en n. 73 ce qui est dit à ce sujet, et *infra* les deux dernières pages de la présente étude.

de l'Éléate qui opposait deux voies différentes, celle de la vérité et celle de l'opinion, Paul de Tarse distinguera également, mais autrement et pour d'autres raisons, l'homme spirituel ouvert à l'Esprit et à la grâce de Dieu et l'homme charnel n'acceptant pas ces dons mais restant plutôt réceptif à l'esprit du monde, aux valeurs du monde opposées à celles de l'Évangile. À travers cette anthropologie apparemment dualiste, l'apôtre distinguera aussi deux voies, la voie de « ceux qui sont sauvés » et la voie de « ceux qui périssent » (1 Co 1, 18). La distinction anthropologique est, chez Parménide, d'ordre rationnel, logique et critique, alors que chez Paul, elle est d'ordre spirituel ; une spiritualité qui, nous le verrons un peu plus loin, est tout aussi critique. Par ailleurs, la distinction entre les deux voies est, chez Parménide, de teneur gnoséologique et ontologique, alors qu'elle est chez Paul de portée sotériologique. L'apôtre propose en effet ici deux voies antithétiques induisant pour les hommes une eschatologie (la voie du salut et la voie de la perdition) selon qu'ils prennent le parti des valeurs divines ou selon qu'ils suivent les valeurs mondaines.

III. Les deux voies antithétiques de Paul

L'homme charnel n'est pas uniquement le chrétien refusant les dons de la grâce divine du fait qu'il se querelle avec son prochain, mais il est également représenté par le païen qui « jugerait » de tout, même de Dieu, puisqu'il irait jusqu'à considérer que le « langage de la croix dont parle Paul est absurde, inepte, inacceptable » du point de vue de la raison. En taxant le « langage de la croix » de pure « folie » (*môria*) (1 Co 1, 18 ; 1, 23) le païen s'opposerait finalement à Dieu et intègrerait manifestement la catégorie de « ceux qui périssent » opposée à la catégorie de « ceux qui sont sauvés ».

Face à l'homme charnel qui a la prétention de « juger de tout » (même de Dieu), et qui n'a, selon Paul, aucune légitimité à juger de tout puisque son jugement est purement relatif, fondé sur la raison naturelle limitée de l'homme, il y a « l'homme spirituel [qui], au contraire, juge (*anakrinei*) de tout, et n'est lui-même jugé (*anakrinetai*) par personne [il ne peut être jugé par l'homme psychique ou charnel]. Car qui a connu la pensée (*noun*) du Seigneur pour l'instruire ? Or, nous, nous avons la pensée (*noun*) du Christ » (1 Co 2, 15-16). C'est parce qu'il a connu la pensée du Seigneur et c'est parce qu'il a la pensée du Christ, c'est parce qu'il se place du côté de Dieu que celui qui a la foi, possédant la connaissance et la pensée du Christ, est non seulement sauvé, mais représente le « référent », le « critère » à partir duquel il peut juger de tout. Le critère qui permet un tel « jugement » ou un tel « discernement » n'est rien d'autre que celui de la « pensée » (*nous*) du Seigneur, la « pensée » (*nous*) du Christ, ou même l'Esprit (*pneuma*) de Dieu. La sagesse divine qui trouve son fondement dans l'Esprit de Dieu (1 Co 2, 10-11) doit désormais constituer le critère absolu de tout jugement humain. C'est la raison pour laquelle l'homme charnel ou psychique doit se « convertir » à cette sagesse en devenant un homme spirituel. Cette conversion de l'homme charnel ou psychique se réalise par le renouvellement de son *nous* (intellect, intelligence, raison) qui se laisse transformer par le *pneuma* (Esprit) de Dieu lui permettant ainsi d'accéder à un niveau de « discernement » supérieur.

IV. Pour une conversion spirituelle du *nous* (intelligence) conférant à l'homme un sens du discernement supérieur

Aux yeux de Paul, le *nous* qui possède, depuis la philosophie grecque, une connotation intellectuelle et purement rationnelle est en mesure de se renouveler dans l'Esprit (Rom. 12, 2). Dans sa *Lettre aux Éphésiens* 4, 23-24, il renverra très clairement à cette conversion, à ce renouvellement et à cette transformation du *nous* (intelligence) humain par l'Esprit de Dieu en faisant aux Éphésiens la recommandation suivante :

« il vous faut être renouvelés par la transformation spirituelle de votre intelligence (*tô pneumati tou noos*) et revêtir l'homme nouveau (*ton kainon anthrôpon*) ». Le *nous* humain, qui s'est ainsi laissé transformer par l'Esprit de Dieu, possède un principe de « discernement » et de « jugement » spirituel efficace face aux situations concrètes auxquelles le chrétien est confronté. Le *nous* du païen, quant à lui, demeure dans l'incapacité de juger selon Dieu (Rom 1, 28 ; Eph. 4, 17-19) et prend ainsi le risque de ne pas être efficace et de se tromper. Paul insistera dans sa lettre, en 1 Co 2, 4-5, sur ce qu'il appelle « la puissance de l'Esprit » ou la « puissance de Dieu » qui serait plus démonstrative (il utilise le substantif d'*apodeixis*) que les discours persuasifs de la sagesse proprement humaine. La « sagesse de Dieu », dans laquelle la foi des hommes trouve son fondement, et qui se trouve opposée à la « sagesse des hommes » (1 Co 2, 7 ; 1 Co 2, 5), confère à l'homme spirituel – qui a converti son *nous* intellectuel et rationnel en un *nous* pneumatique – une puissance (*dunamis*) supérieure qui est celle de l'Esprit de Dieu qui est plus efficace et plus démonstrative que toute intelligence excluant la foi et refusant de recevoir les dons de la grâce divine. La foi qui est fondée « sur la puissance de Dieu » et qui « n'est pas fondée sur la sagesse des hommes » confère à l'homme nouveau, qui s'est laissé transformer et convertir par l'Esprit, la puissance de juger de tout, d'être le référent et le modèle à suivre, puisqu'il est désormais doté d'un sens du « discernement » supérieur à celui qui refuse une telle transformation de son *nous*. Son sens du « discernement » est supérieur puisqu'il « juge » de tout, à partir de Dieu, à partir de la « puissance unique et absolue de l'Esprit »[76] de Dieu qui est plus performative et efficace que la puissance limitée, relative et multiple des discours et des raisonnements humains.

---

[76] Voir l'étude récente de Ch. Belin, *Le Corps pensant. Essai sur la méditation chrétienne*, Paris, Seuil, 2012, pp. 19-24 *sq.*, qui montre que l'Esprit « ne dispense jamais les croyants de penser » (p. 98), de discerner, de critiquer, d'estimer, d'évaluer ou de mettre en relation (p. 24).

V. Pour une critique et pour une anacritique de la crise corinthienne

L'homme pneumatique « juge (*anakrinei*) de tout et n'est lui-même jugé par personne (*oudenos anakrinetai*) ». C'est parce qu'il se situe du point de vue de Dieu (de la transcendance) que l'homme spirituel (*teleios* = accompli, achevé, adulte, du fait qu'il possède la foi, se laisse transformer par l'Esprit pour mettre en œuvre le don de l'amour qui est le plus grand des dons) juge de l'homme charnel et psychique (*nêpios* = enfant, immature) empêtré dans les miasmes de l'immanence du fait qu'il n'a pas la foi et qu'il est mû par la jalousie, les querelles et les divisions. En d'autres termes, l'homme spirituel, qui est adulte dans la foi et l'esprit, se différencie de l'homme charnel ou psychique, qui est immature dans sa foi et en esprit, ce qui lui confère un jugement critique (1 Co 2, 15) et diacritique (le discernement en 1 Co 12, 10) incomparable. Il ne peut donc en aucune manière être jugé par l'homme charnel ou psychique qui n'a pas renouvelé son *nous* (intelligence), qui ne s'est pas conformé au Christ par la foi et par l'amour (cf. 1 Co 3, 1-4). Paul ajoute immédiatement après, en 1 Co 2, 16 : « Car qui a connu la pensée du Seigneur pour l'instruire ? Or, nous, nous avons la pensée du Christ ». C'est parce que l'homme spirituel connaît la « pensée » (*nous*) du Christ, puisqu'il s'est conformé à lui par son propre *nous*, par la foi et par l'amour, qu'il sera en mesure de l'instruire, de l'enseigner, et de servir ainsi le Seigneur. Paul décrit ici sa propre entreprise apostolique visant à annoncer la Bonne Nouvelle en instruisant et en enseignant la pensée du Christ.

Son accueil de « l'Esprit qui vient de Dieu », opposé à « l'esprit du monde », lui confère le pouvoir de connaître ou de recevoir les dons de la grâce de Dieu l'autorisant ainsi à instruire la pensée du Christ et à en parler en termes spirituels.

En effet, en 1 Co 2, 12, Paul rend compte des conséquences de son accueil de « l'Esprit qui vient de Dieu ».

« Pour nous, nous n'avons pas reçu l'esprit du monde, mais l'Esprit qui vient de Dieu, afin (*hina*) que nous connaissions (*eidômen*) les dons de la grâce de Dieu ». Nous sommes en quelque sorte « choisis » par Dieu pour recevoir ses charismes et nous sommes surtout en mesure de les comprendre en vue de les utiliser comme il faut. Or, ces biens (dons) ou ces bienfaits dont le croyant est le bénéficiaire, l'apôtre ou le prédicateur a pour mission d'en parler et de les enseigner à travers son *logos*. C'est la raison pour laquelle il ajoute en 1 Co 2, 13 : « Et nous, nous n'en parlons pas dans le langage qu'enseigne la sagesse humaine (*ouk en didaktois anthrôpinês sophias logois*), mais dans celui qu'enseigne l'Esprit (*alla en didaktois pneumatos*), exprimant ce qui est spirituel en termes spirituels (*pneumatikois pneumatika sugkrinontes*) ». Le langage ou le *logos* de Paul est didactique. Mais qu'enseigne-t-il au juste ? Ce « langage enseignant ou didactique » n'est pas le *logos* de la sagesse mondaine et humaine des philosophes. Le *logos didaktikos* de l'apôtre est plutôt informé par l'Esprit émanant de Dieu, « exprimant (*sugkrinontes*) ce qui est spirituel en termes spirituels ». Le verbe *sugkrinein*, qui est ici utilisé au participe présent, signifie « exprimer, expliquer, interpréter ».

En fait, ce *logos* a pour objet d'enseignement l'Esprit (le *pneuma*) qu'il s'agit pour l'apôtre d'expliquer et d'interpréter en termes spirituels. Ce *logos* didactique procède en d'autres termes à une véritable herméneutique du *pneuma* divin, exprimant, expliquant et interprétant ce qu'est l'Esprit en termes spirituels. C'est donc un *logos* pneumatique, un *logos* spirituel dont le contenu est l'Esprit qui vient de Dieu et dont la forme (l'expression) est elle-même spirituelle[77]. Voilà ce qui

---

[77] Voir, à ce sujet l'étude de P. Coda, « Il *logos* oggi e l'eredità di Gesù Cristo », *in* F. Carderi, M. Mantovani, G. Perillo (ed.), *Momenti del Logos, Ricerche del « Progetto LERS »* (Logos, Episteme, Ratio, Scientia) *in memoria di Marilena Amerise e di Marco Arosio*, Roma, Edizioni Nuova Cultura, 2012, pp. 741-743. Sur ce lien étroit qui unit le *logos* au *pneuma* chez Paul et Jean, voir également M. Fattal, « Dal *Logos* di Plotino al

caractérise en propre le *logos* de l'apôtre par rapport au *logos* de la philosophie qui n'est pas un *logos pneumatikos*. Afin d'enseigner et faire connaître adéquatement ce contenu ou cet objet fondamental pour la vie de l'homme qu'est l'Esprit qui vient de Dieu, le *logos* de l'apôtre doit adopter une forme ou une expression qui est elle-même spirituelle. Forme et contenu sont ici intimement liés afin que le *logos* enseignant de Paul porte ses fruits, soit le porte-parole ou l'interprète adéquat de l'Esprit, informe et forme le croyant, lui montre le chemin à suivre qui est le chemin de l'amour et de l'unité (ecclésiale et communautaire).

VI. Sur le *logos* anacritique de Paul et le *logos* critique de Parménide

Le *logos* pneumatique de l'apôtre montre également le chemin à celui qu'il critique, c'est-à-dire qu'il montre le chemin à suivre à l'homme psychique ou à « l'homme laissé à sa seule nature [qui] n'accepte pas ce qui vient de l'Esprit de Dieu ». Paul ajoute au sujet de cet homme psychique que « c'est une folie pour lui, il ne peut le connaître, car c'est spirituellement qu'on en juge » (1 Co 2, 14). En d'autres termes, l'homme psychique (laissé à sa seule nature), l'homme doué d'une âme et d'une raison naturelle « ne peut connaître » (*ou dunatai gnônai*) ce qui est surnaturel, ce qui vient de Dieu. Plus que cela, il « n'accepte pas » (*ou dechetai*) ce don en provenance de l'Esprit de Dieu et va même jusqu'à considérer que c'est du non-sens et de la folie (*môria*). S'il est dans l'impossibilité de connaître et d'accepter ce qui vient de l'Esprit de Dieu, c'est parce qu'il envisage toujours les choses à partir du seul registre limité de sa raison naturelle et de sa connaissance relative et éphémère au lieu de juger/discerner (*anakrinein*) ou d'interroger les choses à partir du « critère » spirituel qui est absolu, éternel et

---

Logos di san Giovanni : verso la soluzione di un problema metafisico ? », in *Momenti del Logos*…, *op. cit.*, p. 117, n. 90.

infini. Paul réalise ici un tour de force, car il semble avoir trouvé le « critère » décisif et définif tant recherché par les philosophes leur permettant de discerner le vrai du faux, le bien du mal. La déesse du *Poème* de Parménide n'engage-t-elle pas le disciple qu'elle rencontre à juger/discerner par la raison afin qu'il puisse distinguer et séparer le vrai du faux et emprunter le chemin de la vérité qui est celui de l'être ? *Krinai logô*, « juge, discerne, sépare, par la raison », lui ordonnera-t-elle (7 Fr, 5). Le philosophe possède donc le *logos* en tant que raison. Ce *logos* lui sert de « critère » pour « critiquer », « juger » de la véracité des choses, c'est-à-dire pour « séparer, discerner » adéquatement les choses en ne comptant cependant que sur lui-même. N'est-ce pas, d'ailleurs, la déesse, cette maîtresse de vérité représentant l'autorité par excellence, qui enjoint le disciple/le philosophe à user de sa raison critique en vue d'apprécier ce qu'elle vient d'énoncer ? La raison du philosophe qui est critique et qui ne compte que sur elle-même doit donc s'émanciper par rapport à toute forme d'autorité[78]. À l'autre bout de l'histoire de la philosophie grecque, un peu plus de huit siècles après Parménide, le philosophe Plotin (*Traité* 1, 9, 23-24) ne manquera pas de dire qu'il n'a pas besoin de guide ou d'aide pour avancer dans sa recherche de la vérité et du perfectionnement moral, intellectuel et spirituel[79]. Là aussi, le philosophe ne compte que sur ses propres forces et trouve en

---

[78] Voir à ce sujet, M. Fattal, « Mythe et philosophie chez Parménide », *in* D. Bouvier et C. Calame (éds), *Philosophes et historiens anciens face aux mythes*, *Études de Lettres*, 2 (1998), pp. 91-103 ; « Le *logos* dans le *Poème* de Parménide », *in* M. Fattal, Logos, *pensée et vérité dans la philosophie grecque*, *op. cit.*, pp. 95-124 ; trad. it. *Ricerche sul* logos. *Da Omero a Plotino*, *op. cit.*, pp. 70-88 ; « *Muthos* et *logos* chez Parménide », *in* M. Fattal, *Image, Mythe, Logos et Raison*, Paris, L'Harmattan, « Ouverture Philosophique », 2009, pp. 105-137 ; trad. espagnole « *Mythos* y *logos* en Parménides », *Areté, Revista de Filosofía*, XXI/1 (2009), pp. 9-33.

[79] Voir, à ce sujet, M. Fattal, *Plotin chez Augustin*. Suivi de *Plotin face aux Gnostiques*, Paris, L'Harmattan, « Ouverture Philosophique », 2006, p. 34-35 ; trad. it. *Plotino, gli Gnostici e Agostino*, trad. di A. Riccardo, Napoli, Loffredo Editore, « Skepsis, 20 », 2008, p. 30-31.

lui-même le « critère » juste qui guidera sa vie en vue d'accéder au bonheur.

Ainsi, le *logos* (raison) est l'instrument par excellence du philosophe. Il est le « critère » à partir duquel il « juge » de tout. Or, le tour de force de Paul consiste à dire que ce critère est limité, car la « raison naturelle » de l'homme ne peut qu'être limitée et relative. Dans de telles conditions, elle peut se tromper. Le seul et unique « critère » valable et légitime, à partir duquel il est possible de « juger de tout », est le critère non limité et absolu de l'Esprit qui vient de Dieu et qui ne peut en aucune manière se tromper. Ce critère est donc un critère surnaturel, transcendant et spirituel, et non humain. Le *logos* didactique de Paul est là pour exprimer, expliquer, interpréter ce critère aux croyants qui en sont les heureux bénéficiaires. Pour le non-croyant ou pour l'homme psychique, qui refuse ce qui vient de l'Esprit de Dieu du fait qu'il est soumis à l'esprit du monde et qu'il serait possible de convertir, il faudrait que sa « raison limitée » s'ouvre à l'accueil de l'Esprit qui vient de Dieu. Il faudrait que son *logos* rationnel et intellectuel se spiritualise et devienne ainsi un *logos pneumatikos*. N'est-il pas dit en 1 Co 2, 15 que « l'homme spirituel juge de tout » (*ho pneumatikos anakrinei ta panta*) et « n'est jugé par personne » (*oudenos anakrinetai*) ? La conversion du *logos* rationnel et intellectuel du philosophe au *logos* spirituel qui est celui du langage de la croix lui confère désormais une capacité de jugement ou de discernement supérieure (*anakrinein*) à celle que lui conférait sa propre raison critique (*krisis*). C'est en cela qu'on peut considérer que le *logos* pneumatique de Paul opère une véritable « critique de la *krisis* » humaine *purement* intellectuelle et logique. Plus exactement, son *logos* critique est en mesure de porter un « jugement » distancié sur l'usage abusif qui peut être fait de la « raison critique » naturelle de l'homme qui, lorsqu'elle se veut systématique, risque de manquer de toute forme de discernement ou même de se tromper.

VII. La critique paulinienne de la crise condamne-t-elle la raison humaine et la philosophie ?

Dans de telles conditions, s'agit-il ici pour Paul de condamner la raison humaine et philosophique ? La réponse à cette question est bien évidemment négative car l'homme, créé à l'image de Dieu, est doué d'une raison. Ce que l'apôtre dénonce dans la « raison » humaine, c'est le fait qu'elle soit autosuffisante, qu'elle représente pour les philosophes le critère ultime, l'unique norme permettant de régir leur vie. C'est un tel usage et une telle valeur démesurée accordée à la raison naturelle et limitée de l'homme qui sont critiqués par l'apôtre. Ce n'est pas la raison en tant que telle qui est combattue. Ce n'est pas non plus la philosophie en soi qui est définitivement condamnée, mais c'est plutôt la philosophie qui, dans ses prétentions religieuses, n'a pas réussi à connaître Dieu ou l'Esprit qui vient de Dieu du fait qu'elle a érigé la raison naturelle de l'homme en norme absolue.

On pourrait ajouter que cette « critique paulinienne de la *krisis* – conférant à l'homme spirituel un jugement et un discernement supérieurs du fait qu'il s'appuie sur un critère surnaturel, transcendant et divin, au lieu de s'appuyer sur un critère naturel, immanent et humain, c'est-à-dire relatif et tronqué – peut également servir de régulateur ou de garde-fou salutaire en vue de tempérer tous les excès et les débordements que la « raison critique de l'homme » peut connaître et pratiquer lorsque cette critique se veut systématique. En effet, un tel usage systématique de la critique ne peut qu'être négatif et improductif. Il trouverait sa manifestation la plus criante dans notre modernité qui, sans véritable discernement, juge systématiquement de tout. Cette omniprésence de la critique systématique est manifestement le symptôme d'une « affolement » de la raison humaine déboussolée qui n'est plus en mesure d'apprécier et d'estimer justement ce qui doit être retenu d'un point de vue axiologique, moral et spirituel, et qui, par voie de conséquence, ne sait plus où situer le curseur des valeurs.

Cet affolement de la raison exprimerait en d'autres termes une forme de nihilisme destructeur caractéristique des temps modernes. Un tel nihilisme trouverait notamment son origine dans l'entreprise de remise en cause systématique des valeurs transcendantes de la métaphysique classique opérée par ceux qu'on appelle les « penseurs du soupçon » que sont Freud, Nietzsche et Marx.

VIII. Quelle est la portée contemporaine du *logos* pneumatique (spirituel) de Paul ?

Si l'on envisage les choses à partir du *logos* pneumatique de Paul de Tarse qui opère une véritable critique de la *krisis* systématique, encore actualisable aujourd'hui, on pourrait considérer que le renversement des valeurs réalisé par ces trois « penseurs du soupçon », ne se fait bien évidemment pas à partir des valeurs absolues, transcendantes et supérieures qu'ils sont censés critiquer, mais se ferait bien au contraire à partir d'un point de vue proprement relatif, immanent et humain : l'inconscient pour Freud, la volonté de puissance pour Nietzsche, l'infrastructure pour Marx. L'inconscient déterminerait la conscience pour Freud, la volonté de puissance expliquerait et définirait l'homme ou le surhomme pour Nietzsche, l'infrastructure fonderait la superstructure, c'est-à-dire les valeurs et la morale d'une société pour Marx.

À l'inverse, le *Logos* de Paul réalise un renversement des valeurs humaines à partir du Christ et de l'Esprit qui vient de Dieu. Face à un tel renversement des valeurs païennes en particulier et humaines en général, Paul laisserait entrevoir la possibilité pour le non-croyant ou pour l'homme psychique, représenté entre autres par le païen et le philosophe, de se convertir au Christ moyennant une ouverture et un élargissement de sa raison limitée à l'Esprit qui vient de Dieu, moyennant un renouvellement et une transformation complète de son *logos* (raison, discours) et de son *nous* (intelligence, intellect) en un *logos* et en un *nous* pneumatiques (spirituels) lui permettant d'accéder à la vraie sagesse et au mystère (au dessein) de Dieu en lui conférant un sens du « discernement supérieur » à celui pratiqué par la raison proprement humaine. Ce qui suppose que cet homme psychique ou rationnel laisse place à la foi lui permettant de comprendre le renversement des valeurs provoqué par le « langage de la croix », et « d'accueillir » ainsi les dons de la grâce de Dieu. Cet accueil et cette conversion entraînent nécessairement une transformation complète de son être où l'amour sert désormais de critère pour réguler la connaissance, et pour irriguer sa vie quotidienne faite d'humilité et non d'orgueil. Cette conversion au Christ et cet accueil de l'Esprit qui vient de Dieu constituent une ouverture pour sa raison limitée tout en le protégeant contre les risques dévastateurs d'une « raison critique » affolée et systématique ayant perdu tout sens du discernement.

La puissance de cet Esprit soutient, accompagne et fortifie également l'*ekklésia* et la communauté des hommes à travers le don permanent de ses bienfaits en vue de les aider à cheminer socialement et éthiquement dans l'unité. Ces deux critères supérieurs que sont l'Esprit et l'amour définissent le chrétien désormais doué d'une capacité à discerner et à juger (*anakirinein*) le plus correctement possible en vue de l'aider à cheminer et à marcher à la suite de celui qui, par amour pour les hommes, a donné sa vie et a remis son esprit sur la croix en vue de la rédemption de tous et de leur salut.

C'est dans l'amour – charisme supérieur qui doit désormais régir et réguler tous les autres charismes que sont les dons de la connaissance, de la glossolalie, de la prophétie, et même ceux de la foi et de l'espérance – que réside le « critère » d'une vie chrétienne, critère assurant non seulement l'unité de la communauté, mais régissant la vie de tout un chacun marchant sur les pas du Christ, figure d'amour et d'humilité par excellence, figure d'humilité et d'amour qu'il faut imiter et que Paul imite, et dont son *logos* pastoral est le porte-parole.

L'importance de l'amour est signalée par Paul en 1 Co 2, 9-10, citant librement le livre d'Isaïe 64, 3 : « c'est *ce que l'œil n'a pas vu, ce que l'oreille n'a pas entendu, et ce qui n'est pas monté au cœur de l'homme, tout ce que Dieu a préparé pour ceux qui l'aiment (ho theos tois agapôsin auton)*. En effet, ajoute Paul, c'est à nous que Dieu l'a révélé par l'Esprit, car l'Esprit sonde tout, même les profondeurs de Dieu » [80]. C'est parce que les croyants « aiment » Dieu que Dieu révèle ce qu'il « a préparé pour ceux qui l'aiment ». Mais que leur révèle-t-il par l'Esprit qui sonde tout ? Il leur révèle les profondeurs de Dieu, son intention profonde et son dessein pour l'homme, à savoir le salut. Les pseudo-pneumatiques et intellectuels de Corinthe ne peuvent être en mesure d'accéder à ces profondeurs de Dieu qu'ils se targuent pourtant d'atteindre grâce à leur prétendu savoir et leurs supposées expériences.

Conclusion

Cette importance accordée par Paul à l'amour doit être intimement liée à l'importance qu'il accorde à l'Esprit. L'amour et l'Esprit servent l'un et l'autre de critères de vie au chrétien au sein de la communauté. On peut dire que le *logos* de l'*agapê* est un *logos* pneumatique. Le *logos* de la charité et le *logos* spirituel constituent l'essence même du *logos* apostolique et théologique de l'apôtre assurant ainsi l'unité des membres de ce corps que constitue le corps du Christ qu'est l'Église.

C'est finalement à partir de ces critères supérieurs que sont l'amour (*agapê*) et l'Esprit (*pneuma*) que le *logos* apostolique de

---

[80] 1 Co 2, 9 renvoie manifestement à la sagesse divine, car les écrits sapientiaux de l'*Ancien Testament* parlent de la sagesse de cette façon. L'idée selon laquelle la sagesse divine est cachée et soustraite à la connaissance humaine (œil, oreille, cœur/intelligence) se trouve dans le livre des Proverbes 30, 1-4, le Siracide 1, 10 ; le livre de Job 28.

Paul, qui s'est pleinement conformé au Christ, est capable d'opérer une véritable critique de la crise qui sévit à Corinthe et de remettre en cause la *krisis* limitée et relative des hommes, c'est-à-dire des païens, des pseudo-savants en matière théologique, des prédicateurs de toutes sortes, ou même des philosophes prétendant dire la vérité en matière religieuse et théologique. Ce *logos* apostolique et pneumatique de Paul est ainsi en mesure de montrer le chemin aux hommes qui ont la foi, voire même de leur procurer la méthode qui conduit à ce sens du discernement supérieur. Le *logos* méthodique et didactique de Paul vaut finalement pour les hommes de tous les temps qui, parfois, trop confiants dans le pouvoir de leur raison naturelle limitée, peuvent se tromper ou s'installent, sans aucune forme de discernement, dans la « critique systématique » qui a pour effet de les déstabiliser éthiquement, socialement, rationnellement et surtout spirituellement.

Table des matières

Introduction -- 7

Le Bien comme lien dans le *Phédon*, 99 c 5-6 de Platon -- 13

    I. Le *Banquet* et le *Phédon* de Platon : le problème de la séparation -- 13

    II. Le *Banquet* et le *Phédon* : une philosophie du lien et de la relation ? -- 16

    III. Comment le Bien du *Phédon* lie-t-il ensemble les choses ? -- 20

    IV. Sur le caractère nécessairement/obligatoirement liant du Bien -- 23

    V. Sur le Bien du *Phédon* dans ses rapports au Bien de la *République* et au bien du *Philèbe* -------------------------------- 25

    VI. Le Bien du *Phédon* comme cause relationnelle et comme relation causale -- 31

    VII. L'acte de participer (*metechein*) exprime aussi le fait de « lier ensemble » -- 33

    VIII. Le Bien comme lien et l'acte de participer comme relation : leur rôle au sein du langage humain ------------- 38

        1. Sur la participation dans le *Phédon* et dans le *Sophiste* -- 40

        2. Sur le lien ou la relation au sein du langage et de la réalité : une participation verticale dans le *Phédon* et une participation horizontale dans le *Sophiste* ? -------- 44

3. Le *Phédon* envisage-t-il avant le *Sophiste* l'exclusion mutuelle des contraires directs ? ------------------------ 50

4. Le *Phédon* étend l'exclusion mutuelle des contraires directs aux contraires indirects ------------------------ 52

5. Le *Phédon* envisage la règle d'inclusion ou d'inférence permettant de relier les formes entre elles -- 53

6. Quel est l'apport du *Phédon* par rapport au *Sophiste*, et du *Sophiste* par rapport au *Phédon*, sur le plan dialectique et sur le plan du langage ? ------------------ 55

Conclusion -- 57

Aux origines de la crise : Parménide d'Elée et Paul de Tarse -- 63

Parménide et son *Poème* ------------------------------------ 64

I. Sur la crise chez Parménide : le *logos* critique et décisif du philosophe opposé aux opinions acritiques (indécises) du commun des mortels ---------------------------------- 64

II. Parménide détermine le destin de l'Occident en accordant pour la première fois à son *logos* une fonction véritative et surtout critique -------------------------------- 68

III. En quoi la crise ou la fonction critique du *logos* est-elle décisive et salutaire ? -- 70

Paul de Tarse et la *Première Lettre aux Corinthiens* ---- 73

I. La crise négative vécue au sein de la communauté de Corinthe et sa solution paulinienne ------------------------ 73

II. L'anthropologie paulinienne est-elle dualiste ? -------- 76

III. Les deux voies antithétiques de Paul ------------------ 78

IV. Pour une conversion spirituelle du *nous* (intelligence) conférant à l'homme un sens du discernement supérieur -- 79

V. Pour une critique et pour une anacritique de la crise corinthienne ---------- 81

VI. Sur le *logos* anacritique de Paul et le *logos* critique de Parménide ---------- 83

VII. La critique paulinienne de la crise condamne-t-elle la raison humaine et la philosophie ? ---------- 86

VIII. Quelle est la portée contemporaine du *logos* pneumatique (spirituel) de Paul ? ---------- 87

Conclusion ---------- 89

Du même auteur

Pour un nouveau langage de la raison. Convergences entre l'Orient et l'Occident, Préface de Pierre Aubenque, Paris, Beauchesne, « Bibliothèque des archives de philosophie, n°50 », 1988, 112 pages.
  Traduction italisienne : *Per un nuovo linguaggio della ragione. Convergenze tra Oriente e Occidente*, trad. par Simona Cives, Cinesello Balsamo (Milano), San Paolo, « Universo Fisosofia, n°27 », 1999, 118 pages.
  Traduction polonaise : *Logos. Miedzy Orientem A Zachodem*, trad. par Piotr Domanski, avec la collaboration scientifique de K. Pachniak et de M. Olsewski, Varsovie, Wydawnictwo Ifis Pan (Institut de philosophie et de sociologie de l'Académie polonaise des siences), 2001. 116 pages.

Logos et image chez Plotin, Paris-Montréal, L'Harmattan, 1998, 96 pages.
  Traduction italienne : *Ricerche sul logos da Omero a Plotino*, A cura di Roberto Radice, Milano, Vita e Pensiero, « Temi metafisici e problemi del pensiero antico. Studi e testi, n°99 », 2005, 284 pages.

Études sur Plotin (Dir.), Paris-Montréal, L'Harmattan, 2000, 272 pages.

La philosophie de Platon 1 (dir.), Paris-Budapest-Turin, L'Harmattan, « Ouverture philosophique », 2001, 416 pages.

Logos, pensée et vérité dans la philosophie grecque, Paris-Montréal-Budapest-Turin, L'Harmattan, « Ouverture philosophique », 2001, 266 pages.
  Traduction polonaise du chapitre VI publiée dans les *Studia Antyczne i Mediewistyczne* (*Etudes anciennes et médiévales*), 2 [37], 2004.

Logos et langage chez Plotin et avant Plotin (dir.), Paris, L'Harmattan, « Ouverture philosophique », 2003, 366 pages.
  Traduction japonaise de mon étude intitulée « *Beauté et métaphysique chez Plotin : le rôle du logos venu des dieux* », publiée dans les *Studia Neoplatonica*, III [2], 2004. Un résumé de cette étude en langue anglaise a été publié dans ce volume des *Studia Neoplatonica*.

La philosophe de Platon 2 (dir.), Paris-Budapest-Turin, L'Harmattan, « Ouverture philosophique », 2005, 371 pages.

Plotin chez Augustin, suivi de *Plotin face aux Gnostiques*, Paris, L'Harmattan, « Ouverture philosophique », 2006, 184 pages.
  Traduction italienne : *Plotino, gli Gnostici e Agostino*, trad. par Amalia Riccardo, Napoli, Loffredo Editore, « Skepsis, n°20 », 2008, 168 pages.

Plotin face à Platon, suivi de Plotin chez Augustin et Farâbî, Paris, L'Harmattan, « Ouverture philosophique », 2007, 138 pages.

Traduction polonaise du chapitre II intitulé « Les *Ennéades* de Plotin : une critique de la conception platonicienne de l'art », in *Przeglac filozoficzno-Literacki* (*Revue philosophico-littéraire*), 2-3 [20], 2008. Ce volume de la *Revue philosophico-littéraire* de l'Université de Varsovie a été publié en hommage à Barbara Skarga.

Traduction polonaise du chapitre IV intitulé : « Plotin chez Al-Farâbî. A propos du traité de *l'Harmonie entre les opinions des deux sages, le divin Platon et Aristote d'Al-Farâbî* », in *Studia Antyczne i Mediewistyczne* (*Etudes anciennes et médiévales*), 5 [40], 2007.

Aristote et Plotin dans la philosophie arabe, Paris, L'Harmattan, « Ouverture philosophique », 2008, 152 pages.

Traduction polonaise des chapitres I et II intitulés : 1. « L'intellection des indivisibles dans le *De Anima* (III, 6) d'Aristote. Lecture arabes et modernes » ; 2. « La composition des concepts dans le *De Anima* (III, 6) d'Aristote. Commentaires grecs et arabes », in *Studia antyczne i Mediewistyczne* (*Etudes anciennes et médiévales*), 2 [37], 2004.

Image, Mythe, Logos et Raison, Paris, L'Harmattan, « Ouverture Philosophique », 2009, 164 pages.

Traduction allemande du chapitre II intitulé : « Image et production du monde chez Plotin : une critique de l'image gnostique » suivi d'un Appendice intitulé « Des deux cosmogenèses aux deux esthétiques », in J. Grave und A. Schubbach (dir.), *Denken mit dem Bild*, München, Fink Verlag, « Eikones », 2010.

Traduction espagnole du chapitre IV intitulé : « *Mythos* et *Logos* chez Parménide », in M. Giusti y R. Gutiérrez (eds), *Mythos y Logos* : Homenaje a los profesores Federico Camino Macedo y José Leon Herrera, *ARETE. Revista de Filosofia*, 29 [1], 2009.

Ce volume de la revue *ARETE* a été publié par l'Université de Lima (Pérou).

Le Langage chez Platon. Autour du Sophiste, Paris, L'Harmattan « Ouverture Philosophique », 2009, 116 pages.

Traduction polonaise prévue dans les *Archives d'Histoire de la Philosophie* (publication de l'Académie Polonaise des Sciences de Varsovie).

Saint Paul face aux philosophes épicuriens et stoïciens, Paris, L'Harmattan, « Ouverture Philosophique », 2010, 122 pages.

Paroles et actes chez Héraclite. Sur les fondements théoriques de l'action morale, Paris, L'Harmattan, « Ouverture Philosophique », 2011, 76 pages.

Traduction polonaise parue dans les *Archives d'Histoire de la Philosophie* (publication de l'Académie Polonaise des Sciences de Varsovie), 58, 2013.

Platon et Plotin. Relation, Logos, Intuition, Paris, L'Harmattan, « Ouverture Philosophique », 2013, 93 pages.

Prix *Charles Lyon-Caen* décerné par l'Académie des Sciences Morales et Politiques, le 17 novembre 2014, sous la Coupole du Palais de l'Institut de France à Paris.

Paul de Tarse et le Logos. Commentaire philosophique de 1 Co 1, 17-2, 16, Paris, L'Harmattan, « Ouverture Philosophique », 2014, 127 pages. Traduction portugaise prévue (Brésil).

Du Logos de Plotin au Logos de saint Jean : vers la solution d'un problème métaphysique ? Paris, Les Editions du Cerf, « Alpha », 2014 (1ère éd.), 2016 (2ème éd.), 130 pages.

Traduction italienne parue dans F. Carderi, M. Mantovani, G. Perillo (ed.), *Momenti del Logos. Ricerche del « Progetto LERS (Logos, Episteme, Ratio, Scientia)* », in memoria di Marilena Amerise e di Marco Arosio, Roma, Edizioni Nuova Cultura, 2012, pp. 71-122.

Existence et identité, Logos et technè chez Plotin, Paris L'Harmattan, « Ouverture Philosophique », 2015, 158 pages.

Les chapitres II et III sont parus dans la *Rivista di Filosofia Neo-Scolastica*, 1-2 (2015), pp. 83-102, et dans G. Lombardi e M. Mantovani (ed.), *Arte, Cultura, Tecnica*, Roma, LAS-Angelicum University Press, 2015. La version italienne de ma contribution à ce volume qui s'intitule « La *technè* di Plotino : tra *phusis* e *logos* ? » s'étend de la page 58 à 73.

Philosophie

aux éditions L'Harmattan

Dernières parutions

LE COMBAT PHILOSOPHIQUE DE MAURICE BLONDEL CONTRE LA DOUBLE IGNORANCE DES MASSES
Diakiodi Adrien
Il existe deux types d'ignorance que Maurice Blondel, philosophe, sociologue et théologien français, invite tout homme à combattre énergiquement pour éviter la disparition prématurée de l'espèce humaine, mais également celle de la planète Terre. Il y a, d'une part, l'ignorance de soi-même, de son être en perpétuel devenir et, d'autre part, celle de ses semblables, de son environnement, du monde physique et de l'Unique nécessaire. Ce livre s'assigne comme objectif de vulgariser les armes pour combattre ces deux fléaux, armes présentées dans sa thèse de doctorat qui l'a rendu célèbre : L'Action (1893).
(Coll. Ouverture Philosophique, 12.50 euros, 100 p.)
ISBN : 978-2-343-07377-4, ISBN EBOOK : 978-2-336-39896-9

CORPS ET POP CULTURE
Bischoff Jean-Louis
Quelles sont les principales représentations pop culturelles du corps ? Pour y répondre, Jean-Louis Bischoff interroge des musiques actuelles, la cyberlittérature, le cinéma et l'industrie de la forme. Faire apparaître et scruter les catégories de « corps réduit », d'« hyper corps », de « corps digitalisé » ou de « corps écrit », de « corps utopique » et de « corps fardeau », puis ausculter la notion de corps réel et pointer les dangers d'un nouveau purisme sont les tâches que se donne l'auteur.
(Coll. Ouverture Philosophique, 19.00 euros, 184 p.)
ISBN : 978-2-343-07378-1, ISBN EBOOK : 978-2-336-39709-2

DE DERRIDA À LÉVINAS, LA DETTE ET L'ENVOI
Le temps de l'autre – La déconstruction et l'invention du futur
Badleh Jalal
La Déconstruction est le nom de la pensée de l'évènement. Mais elle est aussi l'événement, le nom de ce qui arrive, la justice ou l'impossible. Comment s'opère la coordination entre ces deux définitions ? Qu'est-ce qu'un questionnement déconstructif ? Quelle est la place du sujet postdéconstructif dans cette opération ? Cet ouvrage essaie de répondre à ces questions à travers le dialogue qui a eu lieu entre Jacques Derrida et Emmanuel Lévinas.
(Coll. Ouverture Philosophique, 31.00 euros, 290 p.)
ISBN : 978-2-343-07449-8, ISBN EBOOK : 978-2-336-39841-9

FIGURES PHILOSOPHIQUES DU CONFLIT
Sous la direction d'Andreas Wilmes, Joan-Antoine Mallet
L'ambition de cet ouvrage est d'illustrer à la fois comment la philosophie conceptualise le conflit et comment elle s'efforce d'en résoudre les dangers inhérents. Plutôt que de proposer un aperçu purement abstrait de la notion de « conflit », l'ensemble des travaux se focalise sur la confrontation des philosophes à des problèmes historiques tels que la guerre, la dissension sociale, la tyrannie, ou encore le sport.
(Coll. Ouverture Philosophique, 24.50 euros, 238 p.)
ISBN : 978-2-343-07356-9, ISBN EBOOK : 978-2-336-39796-2

FRONTIÈRES DU VISAGE
(Analogique-numérique)
Boisnard Philippe
À travers une histoire de la représentation, cet essai tente d'interroger la question de l'effacement du visage. Si, pendant longtemps, cet effacement était dû à des stratégies de pouvoir, politiques et économiques, il semblerait qu'avec la démocratisation des technologies, peut-être, ceux qui étaient les effacés de l'histoire de la représentation peuvent enfin apparaître. Mais, à l'ère des réseaux, est-ce aussi simple ?
(Coll. Eidos série Retina, 13.00 euros, 110 p.)
ISBN : 978-2-343-07979-0, ISBN EBOOK : 978-2-336-39795-5

HEIDEGGER ET LE PROBLÈME DE LA MÉTAPHYSIQUE
Balazut Joël
Dès 1935 Heidegger retrouve le sens original de la métaphysique dans la conception présocratique de l'être comme « phusis ». Sur cette base il va interpréter la métaphysique traditionnelle qui apparaît avec Platon pour culminer chez Nietzsche dans une ontologie de la vie et qui prépare le règne moderne de la technique planétaire, comme un «déni» radical de ce sens originel. L'un des intérêts de cette interprétation de la métaphysique, et non des moindres, est ainsi de rendre compte de la signification de la vogue actuelle des philosophies de la vie.
(Coll. Ouverture Philosophique, 14.00 euros, 122 p.)
ISBN : 978-2-343-07296-8, ISBN EBOOK : 978-2-336-39840-2

L'IRONIE DE SOCRATE – **Essai sur l'ironie philosophique**
Mestiri Samir
Contrairement à l'ironie polémique et insidieuse des sophistes, celle de Socrate est plutôt interrogeante, désirante et ex-centrique, toujours en quête de connaissance vraie. Le fameux « je sais que je ne sais rien » devient chez lui un outil de défigement de la pensée prisonnière des « systèmes compacts », mais, aussi le meilleur remède contre les pseudo-vérités religieuses et idéologiques.
(Coll. Ouverture Philosophique, 12.50 euros, 106 p.)
ISBN : 978-2-343-07035-3, ISBN EBOOK : 978-2-336-39779-5

MATHÉMATIQUES ET FRONTIÈRES
Baudrand Gabriel
Gabriel Baudrand, professeur agrégé de mathématiques, s'intéresse au thème de la frontière. La perception commune du mathématicien est celle d'un technicien

enfermé dans son monde, qui dresse une frontière entre son activité et le reste de la vie. Le formalisme de cette science entretient cette frontière alors que paradoxalement les mathématiques sont partout et que le concept même de frontières est mathématique. Autant de pistes de réflexions que l'auteur nous invite à explorer.
(Coll. Eidos série Retina, 12.50 euros, 104 p.)
ISBN : 978-2-343-07951-6, ISBN EBOOK : 978-2-336-39764-1

MÉLANGES OFFERTS À RENÉ SCHÉRER
Sous la direction de Constantin Irodotou
René Schérer, né en 1992, a été l'un des fondateurs du département de philosophie de l'université de Vincennes. Ami de Foucault, Châtelet, Deleuze, Lyotard, Bensaïd, Badiou, Rancière, Brossat, etc. Il se penche d'abord sur Husserl et Heidegger, puis s'intéresse à Charles Fourier. Militant de mai 68, il entreprend, dans son *Émile perverti*, une critique de la pédagogie. Il réactualise aussi, avec Guy Hocquenghem, le concept philosophique d'âme. «Utopie», «âme» et «hospitalité» sont les trois concepts clefs pour aborder son œuvre.
(Coll. Quelle drôle d'époque !, 38.50 euros, 374 p.)
ISBN : 978-2-343-07527-3, ISBN EBOOK : 978-2-336-39809-9

LA PENSÉE ESTHÉTIQUE DE JOSÉ VASCONCELOS DANS SON SENS ORIGINAIRE
Le contexte historiographique de la philosophie en Amérique hispanique
Luquín Guerra Roberto
La philosophie latino-américaine s'est divisée en deux orientations principales : soit dévalorisée parce que l'on considérait qu'elle ne faisait que reprendre la pensée européenne ; soit on a tenté de la sauver à partir de perspectives étrangères à la philosophie. Roberto Luquin s'interroge sur le sens que peut avoir une recherche sérieuse sur la pensée spéculative d'un philosophe latino-américain. Il soutient que le vasconcelisme est une authentique pensée philosophique, il s'agit d'un geste créateur qui a su faire le lien entre la pensée philosophique et la pratique politique.
(Coll. La philosophie en commun, 29.00 euros, 278 p.)
ISBN : 978-2-343-07624-9, ISBN EBOOK : 978-2-336-39864-8

LES PHILOSOPHIES ENVIRONNEMENTALES EUROPÉENNES
Europeana 6
Collectif
Peut-on parler d'une philosophie environnementale européenne ? Peut-on unifier, sous ce concept, un corpus hétérogène et beaucoup plus diversifié que celui que l'on peut trouver à propos de la philosophie de l'environnement dans la société nord-américaine ? Est-ce qu'une unité géographique, celle de l'Europe, peut suffire pour garantir un dénominateur commun à des conceptions philosophiques aussi diverses, voire divergentes, que celles qui existent sur le «vieux continent» ?
(Coll. Kubaba, 20.00 euros, 184 p.)
ISBN : 978-2-343-07680-5, ISBN EBOOK : 978-2-336-39785-6

LE REGARD EN-PÉCHÉ
Réflexion sur le regard porté sur le corps féminin
Bacha Lilia – Préface de Youssef Seddik – Avant-propos de Michel Sicard
Ferme les yeux et regarde à travers les paupières. Tout au fond de nous, une voix nous suggère cela face au corps de la femme. Sans être dévêtue : la femme est toujours nue, elle est 'awra. Ce terme arabe désigne ce qu'il faut cacher et définit la femme. Quelle est cette créature exhibée par nature, au point de devoir la cacher ? Quels sont les liens entre cette créature et la femme mais aussi l'homme ? Cette réflexion propose de s'y intéresser en naviguant entre orient et occident.
(Coll. Ouverture Philosophique, 25.00 euros, 250 p.)
ISBN : 978-2-343-05808-5, ISBN EBOOK : 978-2-336-39823-5

THOMAS HOBBES ET L'IDÉE DE PUISSANCE
Karray Aouichaoui Mohamed
Ce travail propose l'étude de la théorie de la puissance telle qu'elle s'est développée dans la philosophie de Hobbes. L'idée directrice est que la puissance n'est plus une donnée de la nature mais que c'est à travers l'agir humain qu'elle s'acquiert. Elle est une capacité d'agir sur le monde par le biais de la science. Avec Hobbes, la science devient le moyen le plus spécifique de la puissance, et celle-ci, par le biais de la science, la capacité d'agir sur le monde, tant naturel qu'humain.
(Coll. Ouverture Philosophique, 33.00 euros, 324 p.)
ISBN : 978-2-343-04013-4, ISBN EBOOK : 978-2-336-39810-5

AUX FRONTIÈRES DE L'HUMAIN
Essai sur le transhumanisme
Koest Pierre
Tels des exilés, nous nous trouvons aujourd'hui dans l'entre-deux d'une frontière, qui sépare l'Humain du Trans-humain. Les progrès vertigineux de la convergence des nanotechnologies, biotechnologies, informatique et sciences cognitives font miroiter un futur aux accents utopiques, qui nous promet longévité accrue et augmentation exponentielle de nos capacités biologiques. Mais apparaît conjointement la menace d'un triomphe de l'intelligence artificielle et à terme de l'extinction de ce que l'on nommait humanité.
(Coll. Eidos série Retina, 19.00 euros, 186 p.)
ISBN : 978-2-343-07664-5, ISBN EBOOK : 978-2-336-39557-9

L'HARMATTAN ITALIA
Via Degli Artisti 15; 10124 Torino
harmattan.italia@gmail.com

L'HARMATTAN HONGRIE
Könyvesbolt ; Kossuth L. u. 14-16
1053 Budapest

L'HARMATTAN KINSHASA
185, avenue Nyangwe
Commune de Lingwala
Kinshasa, R.D. Congo
(00243) 998697603 ou (00243) 999229662

L'HARMATTAN CONGO
67, av. E. P. Lumumba
Bât. – Congo Pharmacie (Bib. Nat.)
BP2874 Brazzaville
harmattan.congo@yahoo.fr

L'HARMATTAN GUINÉE
Almamya Rue KA 028, en face
du restaurant Le Cèdre
OKB agency BP 3470 Conakry
(00224) 657 20 85 08 / 664 28 91 96
harmattanguinee@yahoo.fr

L'HARMATTAN MALI
Rue 73, Porte 536, Niamakoro,
Cité Unicef, Bamako
Tél. 00 (223) 20205724 / +(223) 76378082
poudiougopaul@yahoo.fr
pp.harmattan@gmail.com

L'HARMATTAN CAMEROUN
BP 11486
Face à la SNI, immeuble Don Bosco
Yaoundé
(00237) 99 76 61 66
harmattancam@yahoo.fr

L'HARMATTAN CÔTE D'IVOIRE
Résidence Karl / cité des arts
Abidjan-Cocody 03 BP 1588 Abidjan 03
(00225) 05 77 87 31
etien_nda@yahoo.fr

L'HARMATTAN BURKINA
Penou Achille Some
Ouagadougou
(+226) 70 26 88 27

L'HARMATTAN SÉNÉGAL
10 VDN en face Mermoz, après le pont de Fann
BP 45034 Dakar Fann
33 825 98 58 / 33 860 9858
senharmattan@gmail.com / senlibraire@gmail.com
www.harmattansenegal.com

L'HARMATTAN BÉNIN
ISOR-BENIN
01 BP 359 COTONOU-RP
Quartier Gbèdjromèdé,
Rue Agbélenco, Lot 1247 I
Tél : 00 229 21 32 53 79
christian_dablaka123@yahoo.fr

Achevé d'imprimer par Corlet Numérique - 14110 Condé-sur-Noireau
N° d'Imprimeur : 128651 - Dépôt légal : mai 2016 - *Imprimé en France*